Planen wie ein Profi!

So erreichen Sie sicher Ihre Ziele.

Workbook mit 10 Tools für eine erfolgreiche
Planung und Umsetzung.

Stefan Mütz
Diplom-Betriebswirt (FH)
Beratender Betriebswirt

www.markt-und-kunde.de
Wissen und Beratung rund um die Themen Unternehmensführung und Marketing für
Gründer, Selbstständige und kleine Unternehmen.

Planen wie ein Profi

Planen wie ein Profi!

So erreichen Sie sicher Ihre Ziele.

Workbook mit 10 Tools für eine erfolgreiche Planung und Umsetzung.

Impressum

Bibliografische Information der Deutschen Nationalbibliothek:
Die Deutsche Nationalbibliothek verzeichnet diese Publikation in der Deutschen Nationalbibliografie; detaillierte bibliografische Daten sind im Internet über http://dnb.dnb.de abrufbar.

© 2019 Stefan Mütz

© Illustration: Katharina Bertram, www.bertram-illustration.de

Herstellung und Verlag: BoD – Books on Demand, Norderstedt

ISBN: 978-3-7504-1045-9

Hinweis

Hier finden Sie Ihre Planungs-Tools

Übernehmen Sie das Management!

Viele Menschen setzen sich erstrebenswerte Ziele. Dabei geht es meistens um zukünftige Veränderungen, Wünsche oder Vorstellungen. Das können Veränderungen im persönlichen oder beruflichen Bereich sein. Oder es dreht sich um Vorhaben und Aktivitäten, die man sich schon lange vorgenommen und immer wieder aufgeschoben hat. Ein attraktives Ziel für sich zu finden, ist für gewöhnlich die leichtere Übung. Bei der Umsetzung hingegen geht selbst engagierten Personen schnell die Puste aus. Nach einer anfänglichen Euphorie werden die notwendigen Schritte verschoben, weil etwas dazwischenkommt, das wichtiger erscheint und das Ziel verschwindet nach und nach ganz im Hintergrund. Der Alltag bestimmt wieder unser Handeln. Das Vorhaben verblasst zunehmend und der ursprüngliche Plan wird im Laufe der Zeit nicht mehr weiterverfolgt. Es kommt Frust und Enttäuschung auf. Die Motivation, eine tiefergehende Veränderung auch durchzuziehen, lässt stetig nach.

Dieses kleine Workbook soll Menschen helfen, denen es schwerfällt, ein Vorhaben zu strukturieren, zu planen und anschließend auch konsequent umsetzen. Es soll Sie, liebe Leserin, lieber Leser, dabei unterstützen, Ihre Ziele erfolgreich zu verwirklichen. Das fängt beim grundsätzlichen Verständnis für einen professionellen Planungsprozess an, geht über die Entwicklung und Beschreibung eines für Sie motivierenden Zieles bis hin zur Umsetzung und Kontrolle Ihrer Planung. Dabei liegt ein Schwerpunkt auf den Methoden, die Sie speziell bei der Umsetzung Ihrer Planung im Alltag einsetzen können. Denn viele begonnene und nicht abgeschlossene Aufgaben und Tätigkeiten führen zu Stress. Ständig muss man die Dinge im Kopf behalten und hechtet von einer Thematik zur nächsten. Es fehlt an Konzentration. Unser Gehirn, bzw. unser Unterbewusstsein beschäftigt sich im Hintergrund aber ständig weiter mit all den nicht erledigten Dingen. Meistern wir dagegen unsere Aufgaben und erledigen unsere Angelegenheit zu Ende, dann sind sie auch gedanklich abgehakt und belasten unsere Gehirnleistung nicht weiter. Wir können entspannen und fühlen uns entlastet.

Planungsinstrumente aus der Welt des Managements

Der Ansatz in diesem Workbook ist, Planungs-Tools und Methoden aus der Welt der Betriebswirtschaft zu nutzen und auf eine private Situation zu übertragen. Denn warum sollten diese Tools, die in den Unternehmen erfolgreich zur Planung eingesetzt werden, nicht auch für eine einzelne Person nützlich sein? Sie finden im Folgenden eine Auswahl an Management-Tools, die einfach und verständlich erklärt, an Beispielen beschrieben und praktisch für Sie anwendbar sind.

Sie können die einzelnen Methoden individuell für einen bestimmten Zweck nutzen, z.B. um Prioritäten zu setzen, Problemen auf den Grund zu gehen oder in Kombination, um ein neues persönliches Ziel von Grund auf zu definieren, zu planen und zu verwirklichen. Wenn Sie Ihre Ziele endlich erfolgreich umsetzen wollen und nicht nur gut gemeinte Ratschläge, sondern einfache und konkrete Instrumente suchen, die Sie im Alltag für Ihre Planung und Umsetzung einsetzen können, dann haben Sie mit diesem Workbook die richtige Wahl getroffen.

Mit den vorgestellten Methoden können Sie selbst aktiv werden und das Management für das eigene Leben übernehmen. Sein eigener Manager zu werden bedeutet, Verantwortung für sich zu übernehmen. Ebenso wie die Manager in den Firmen für gesundes Wachstum sorgen sollen, genauso sollten Sie sich um Ihre persönliche Entwicklung und Ihre persönlichen Ziele kümmern. Was natürlich nicht bedeutet, dass Sie diese Lektüre zum rücksichtslosen Egoisten machen soll. Erfolg bedeutet, die gesteckten Ziele zu erreichen. Manchmal dauert es Jahre, bis das Ziel erreicht ist und es braucht viele kleine Einzelschritte bis dahin. Setzen Sie die Instrumente regelmäßig und konsequent ein, werden Sie schnell feststellen, dass jeder klitzekleine Schritt und Teilerfolg letztlich ein Beitrag auf dem Weg zum großen Ziel ist. Werden Sie der Manager für Ihr Leben und nutzen Sie dieses Workbook für Ihren persönlichen Erfolg!

1_Management-Regelkreis

Ein Unternehmen bzw. dessen Management nutzt dieses wichtige Instrument, um durch einen strukturierten Planungsablauf ein gesetztes Ziel Schritt für Schritt erfolgreich zu erreichen. Dieses übergeordnete Planungssystem dient sozusagen als Leitfaden, an dem man sich immer wieder orientieren kann. Der Management-Regelkreislauf besteht dabei aus vier oder mehr einzelnen Schritten, je nach Ausführlichkeit und Unterteilung.

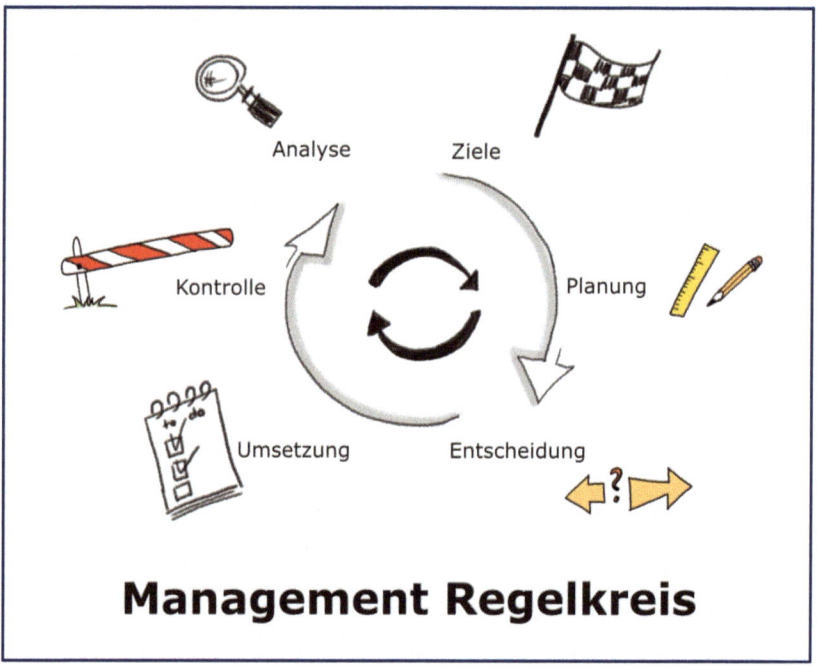

Die einzelnen Elemente bilden einen vollständigen Planungsprozess von der Ist-Analyse über die Zielbildung, die Strategiefindung bis hin zur Umsetzung und Kontrolle ab. Daher kann man sich bei der Planung eines eigenen Vorhabens an der Struktur des Management-Regelkreises optimal orientieren. Wenn Sie die einzelnen Schritte nacheinander durchgehen und bearbeiten, erhalten Sie eine Struktur, mit deren Hilfe Sie erfolgreich zum Ziel kommen.

Die Kontrolle als letzter Schritt ist dabei besonders wichtig. Ihr kommt eine spezielle Funktion zu, da sie Ihnen hilft festzustellen, ob alles in die richtige Richtung und wie geplant verläuft. Wenn nicht, wird wiederum analysiert, welche Ursachen für die Abweichung verantwortlich sind. So wird vermieden, dass man mit viel Einsatz und Energie in eine ganz falsche Richtung geht. Möglicherweise muss aufgrund der Resultate der Kontrolle das Ziel, die Strategie oder die Art der Umsetzung angepasst werden. Damit beginnt der Kreislauf wieder von vorne.

Gehen Sie die einzelnen Schritte des Planungsprozesses durch und nutzen Sie die jeweiligen Instrumente für Ihre Planung.

Analyse

Im ersten Schritt wird der momentane **Ist-Zustand** in einem bestimmten Bereich festgestellt. Es wird also eine Art Bestandsaufnahme durchgeführt und aufgeschrieben, wie die Verhältnisse aktuell sind. Diese Bestandsaufnahme sollte natürlich möglichst objektiv sein. In einem Unternehmen kann man viele Objekte analysieren: Finanzen, Kunden, Wettbewerb oder Marktentwicklung.

Im privaten Bereich gibt es ebenfalls zahlreiche Aspekte, die man genauer betrachten kann: Wie steht es um meine Finanzen, Gesundheit, Sport, offene Pläne, nie verwirklichte Ziele und Vorhaben, Hobbys, Reisen, ein neuer Job, Selbstständigkeit, den Garten gestalten, das Haus umbauen, ein neuer Lebensstil, vielleicht ein Instrument lernen? Und viele andere mehr oder weniger umfangreiche Themen.

Welchen Bereich oder welche Bereiche möchten Sie sich genauer anschauen? Gibt es schon Themen, die Ihnen auf den Nägeln brennen? Was steht noch auf der To-Do-Liste Ihres Lebens? Wo spüren Sie Änderungsbedarf? Was macht Sie unzufrieden? Sammeln Sie in diesem Notizbuch Ihre Gedanken dazu! Nehmen Sie sich immer wieder etwas Zeit für eine ganz persönliche Bestandsaufnahme. Alles, was Ihnen in den Sinn kommt, können Sie aufschreiben, unabhängig davon, ob es später realisiert wird oder nur eine Notiz bleibt. Der Vorteil des Aufschreibens ist, dass Sie nichts vergessen und immer wieder nachlesen oder einen erledigten bzw. hinfälligen Punkt einfach streichen können.

Die **SWOT-Analyse** (→ Kapitel 2) ist ein starkes Werkzeug, wenn es um die Analyse der aktuellen Situation geht. Nutzen Sie die **SWOT-Analyse**, wenn Sie sich für ein abgegrenztes Thema, das Sie angehen möchten, entschieden haben. Sie bekommen bei der Erstellung der SWOT-Analyse einen

---

sehr guten Überblick über Ihre Stärken und Schwächen. Gleichzeitig richtet sich der Blick aber auch nach außen auf bestehende Chancen und Risiken. Durch die Beschäftigung mit diesen vier Aspekten können neue Sichtweisen und Handlungsmöglichkeiten entstehen. Ein weiterer Effekt ist die Risikominimierung, da Sie sich rechtzeitig Gedanken machen und absichern können. Durch die Ergebnisse und Erkenntnisse dieser Analyse können Sie Ihr Ziel dann auch genauer definieren und Strategien ableiten.

Zielbildung

Wahrscheinlich haben Sie nun einige Themen gesammelt, die Sie gerne voranbringen möchten. Auf der Grundlage der Analyse kann nun ein Ziel formuliert werden. Dabei geht es im Grunde immer darum, vom aktuellen IST-Zustand (der mir nicht so gut gefällt) zu einem Zustand in der Zukunft (der mir besser gefällt) zu gelangen. Damit die Sache nicht vage und schwammig bleibt, muss ein gewünschtes Ziel - der SOLL-Zustand - möglichst genau und klar beschrieben werden. Zum einen sind klare Beschreibungen für die Kontrolle (**Soll-Ist-Vergleich** → Kapitel 9) notwendig. Zum anderen zwingt die ausführliche Beschreibung dazu, sich mit der konkreten Situation auseinander zu setzen und eine plastische Vorstellung der zukünftigen Situation zu bekommen. Also eben nicht „Es muss irgendwie anders werden.", sondern „**Es soll genau so werden.**".

Ziele motivieren

Ein gutes Ziel zu haben, ist ein starker Antrieb und Motivator. Das vorgenommene Ziel erreicht zu haben, vermittelt ein tolles Erfolgsgefühl. Die Zielbildung ist daher die Grundlage für die weiteren Schritte und muss mit ausreichend Zeit und Aufmerksamkeit erfolgen. Einem falschen oder unrealistischem Ziel hinterher zu jagen, ist auf Dauer frustrierend und enttäuschend.

Ein Werkzeug, das Ihnen bei der Zielformulierung hilft, ist die **SMART-Formel** (→ Kapitel 3). Versuchen Sie Ihre Ziele nach den Kriterien der SMART-Formel zu formulieren.

Achtung:

Bedenken Sie, dass Sie den Management-Regelkreis jeweils nur auf ein Ziel anwenden. **Zwei Ziele – zwei Kreisläufe.**

Strategie/Planung

Beschreibt Ihr Ziel den gewünschten Zustand in der Zukunft, so beschreibt die Strategie, wie dieser Zustand von heute aus betrachtet erreicht werden kann. Welche **gezielten Aktivitäten** sind jetzt notwendig, um das Ziel zu einem festgelegten Zeitpunkt erfolgreich zu realisieren? Die Planung übersetzt die Strategie im nächsten Schritt in konkrete Handlungen.

Eine Strategie enthält die gedankliche Vorwegnahme von Handlungen, die dazu führen, dass ich zu einem späteren Zeitpunkt mein Ziel erreiche. Dabei beachtet man zusätzlich, welche äußeren Faktoren in welcher Weise auf meine Strategie Einfluss nehmen können.

Denken Sie an ein Schachspiel. Sie wollen gewinnen und überlegen sich eine Strategie. Dabei denken Sie immer einige Züge voraus und ziehen die kommenden Spielzüge Ihres Gegners in die Überlegung mit ein. Sie gehen also strategisch vor.

Ein kleines Beispiel dazu:

Ihr Ziel ist es, im Job voranzukommen. Bis zum 31.12.20xx hat sich meine berufliche Situation verbessert. Ich übernehme eine Aufgabe als Projektleiter und mein Gehalt erhöht sich um x Euro. Doch nun stellt sich die Frage, mit welcher Strategie Sie dieses Ziel am besten erreichen können?

Da bekanntlich viele Wege nach Rom führen, kann es vorkommen, dass es mehrere unterschiedliche Richtungen gibt, die Sie zum Ziel führen.

Mehrere Strategien sind möglich

Das oben genannte Ziel kann mit Hilfe von Fort- und Weiterbildung im bestehenden Job oder einem Arbeitsplatzwechsel erreicht werden. Je nachdem, welche Option nun gewählt wird, verläuft die Planung entsprechend anders. Um sinnvoll voran gehen zu können, ist eine Entscheidung notwendig. Aber welche Alternative ist die richtige? Um die Entscheidungsfindung zu unterstützen, nutzt man in der Betriebswirtschaft eine **Entscheidungsmatrix** (→ Kapitel 4). Mehr zu diesem Tool lesen Sie im nächsten Schritt des Management-Regelkreises.

Planung

Ist die Entscheidung für den gangbaren Weg gefallen, geht es anschließend an die konkrete Planung. Achten Sie darauf, die einzelnen Planungsschritte und erforderlichen Handlungen möglichst genau zu beschreiben und mit Datum zu versehen. Nehmen wir das Beispiel von oben:

- **Ziel**: Berufliche Entwicklung verbessern
- Mögliche **Strategien**: Fort- und Weiterbildung **oder** Jobwechsel
- **Entscheidung** für: Fort- und Weiterbildung

Nun geht es an die Planung. Schreiben Sie auf, welchen Maßnahmen notwendig sind, um aus heutiger Sicht das Ziel in der Zukunft zu erreichen. Damit haben Sie die Basis für den Erfolg gelegt und einen „Masterplan" erstellt, an dem Sie sich immer wieder orientieren können. Auf dieser

Grundlage basieren die notwendigen Teilschritte, die Kontrolle und die Anpassung der Planung. Notieren Sie sich Fragen, die geklärt werden müssen und Informationen, die notwendig sind, um das Vorhaben richtig anzugehen. Überlegen Sie die nächsten Schritte und bringen Sie diese in eine sinnvolle Reihenfolge. Planen Sie Alternativen ein, falls ein Teilschritt nicht wie gewünscht umgesetzt werden kann. Immer **mit Datum und schriftlich planen**!

Teilschritt	Handlung	Datum
Offene Fragen klären	- Welches Know-how ist für das Weiterkommen hilfreich? - Sind mehrere Kurse notwendig? - Auswahl des geeigneten Kursangebots.	15.02.20xx
Auswahl des geeigneten Kursangebots.	Recherche Internet	01.03.20xx
Kostenübernahme durch Firma?	Termin mit Chef	15.03.20xx
Finanzierung klären	Banktermin, Förderungen	?
Kursbeginn		01.06.20xx
...	...	...

Ihre Planung ist natürlich nicht in Stein gemeißelt. Oft müssen Pläne angepasst werden, wenn die äußeren Umstände sich ändern. Daher ist es notwendig, die Planung regelmäßig zu überprüfen und zu aktualisieren, um auf Veränderungen rechtzeitig reagieren zu können. Die Planung wird dann entsprechend angepasst.

Entscheidung

Auch im Unternehmen fallen die Entscheidungen unter einer gewissen **Unsicherheit**, da niemand zuverlässig auch nur einen Tag in die Zukunft blicken kann. Je größer der Planungszeitraum ist, desto unsicherer werden die Annahmen. Es müssen immer eine ganze Reihe von Faktoren für eine passende Entscheidung betrachtet und gegeneinander abgewogen werden. Auch die Folgen einer Entscheidung sind zu beachten. Was sind die Konsequenzen aus der getroffenen Entscheidung? Stellen Sie sich vor, Sie wollen Ihren Lebenswandel von Grund auf ändern. Vielleicht verlieren Sie dadurch Ihren bestehenden Freundeskreis. Der Schritt in die Selbstständigkeit bspw. zieht weitreichende Konsequenzen nach sich.

Durch diese Unsicherheit ist in manchen Fällen, wenn nicht klar ist, welche Strategie verfolgt werden soll, eine Entscheidung für die **wahrscheinlich** erfolgversprechendste Strategie notwendig.

Die Entscheidung, welcher Weg zum Erfolg führt, ist sehr individuell. Ob Sie sich für die richtige Strategie entschieden haben, können Sie später auch mit Hilfe des **Soll-Ist-Vergleichs** (→ Kapitel 9) überprüfen.

Und keine Sorge. Im Management-Regelkreis können Sie immer nachsteuern und anpassen. Selten kann die Planung 1:1 realisiert werden. Liegt die Strategie nicht offensichtlich auf der Hand und gibt es mehr als eine Möglichkeit, hilft eine **Entscheidungsmatrix** (→ Kapitel 4) dabei, eine möglichst objektive Entscheidung zu treffen.

Umsetzung

Die Umsetzung ist der scheinbar einfachste Teil im Management-Regelkreis. Die Planung wird in diesem Teilschritt nun Schritt für Schritt abgearbeitet. In der Praxis scheitern aber viele Vorhaben genau an dieser Stelle. Die Planung erfolgt auf dem Papier – die Umsetzung muss ich aber praktisch im Alltag erledigen. Und dabei treffen wir auf viele **Störfaktoren** in unserem Umfeld, die auf uns Einfluss nehmen und die Umsetzung behindern. Das lässt sich leider nicht immer vermeiden. Versuchen Sie diese Störfaktoren soweit wie möglich zu reduzieren oder ganz auszuschalten. Schauen Sie sich die Tools „**Salami-Taktik**" (→ Kapitel 6), „**Pareto-Prinzip**" (→ Kapitel 7) und die „**Die 25.000 Dollar-Methode**" (→ Kapitel 8) an. Diese Methoden helfen Ihnen bei der praktischen Umsetzung im „Tagesgeschäft" und sorgen für Struktur und Ergebnisse.

Regelmäßigkeit

Auf alle Fälle hilft Ihnen Regelmäßigkeit bei der Umsetzung. Egal, ob Sie täglich, wöchentlich oder monatlich auf Ihren Plan schauen. Hautsache Sie tun es. Und zwar regelmäßig.

Kontinuität

Springen Sie nicht täglich von links nach rechts. Bleiben Sie an einer Sache dran, bis diese beendet ist. Auch wenn es länger dauert, weil das Tagesgeschäft oder der Alltag Ihre Zeit in Anspruch nimmt. Auch der kleinste Schritt bringt Sie weiter – wenn Sie immer in die gleiche Richtung gehen.

Kontrolle

Haben Sie Ihr Ziel genau definiert und Ihre Planungsschritte mit Datum versehen, dann können Sie während der Umsetzungsphase leicht nachprüfen, ob Sie „im Plan" liegen. Nutzen Sie dafür den **SOLL-IST-Vergleich** (→ Kapitel 9). Wenn es Abweichungen gibt, fragen Sie sich warum? Analysieren Sie die Ursachen! Hier gibt es ebenfalls ein interessantes Werkzeug aus der Welt der Betriebswirtschaft: Die **5-W-Methode** (→ Kapitel 10). Beseitigen Sie die Ursachen und gehen Sie Probleme, die Sie behindern, konsequent an. Vielleicht ist es auch das Ziel, das mittlerweile nicht mehr erstrebenswert ist. Dann ändern Sie das Ziel auf Grundlage der neuen Analyse. Definieren Sie eine neue Strategie und der Kreislauf beginnt von neuem.

Schreiben Sie die Ursachen auf, die Sie behindern. Lösen Sie die Gummibänder, die verhindern, dass Sie Ihre Ziele erreichen. Passen Sie das Ziel oder die Strategie an, wenn die Umstände nicht zu ändern sind.

Stoßen Sie auf Probleme bei der Umsetzung, dann Fragen Sie sich, was die wahre Ursache des Problems ist. Ist das Problem nur ein Symptom einer tieferliegenden Störquelle? Kann und möchte ich diese verändern? Wie kann ich das Problem, bzw. die Ursache des Problems endgültig lösen?

Management-Regelkreis als Grundlage für Ihre Planung

Wenn Sie dieses grundlegende Planungsschema verstanden haben und sich an die einzelnen Schritte und die beschriebene Reihenfolge halten, kommen Sie sicher an Ihr Ziel.

Nehmen Sie sich ausreichend Zeit für die einzelnen Bereiche. Formulieren Sie immer schriftlich und beschäftigen Sie sich **regelmäßig und kontinuierlich** mit Ihrem Ziel, der Strategie, der Planung und der Umsetzung. Kontrollieren Sie Ihre Fortschritte und belohnen Sie sich, wenn Sie eine Teilaufgabe erledigt haben.

Planung ist etwas Flexibles und Ihr Plan nicht für alle Zeiten festgeschrieben und nicht mehr zu korrigieren. Es gibt Menschen, die halten krampfhaft an Dingen fest, die einfach nicht oder nicht mehr zu erreichen sind, anstatt neue Wege zu gehen, die positive Perspektiven eröffnen. Manchmal ändern sich die Gegebenheiten so deutlich, dass eine Anpassung oder Ergänzung nicht mehr ausreicht. In dieser Situation ist ein grundlegendes Überdenken der Planung und eine neue Vorgehensweise notwendig und auch sinnvoller.

Behalten Sie bei aller Flexibilität in der Planung Ihr gesetztes Ziel im Auge, denn dieses sollte sich nicht alle zwei Wochen ändern.

Auf der folgenden Seite finden Sie zum Abschluss einen Überblick über die einzelnen Schritte. Diese Grafik können Sie nutzen, um Ihre Gedanken zu den einzelnen Schritten zu notieren oder haken Sie einen Teilschritt ab, wenn Sie diesen erfolgreich bearbeitet haben und bereit sind für den nächsten Schritt.

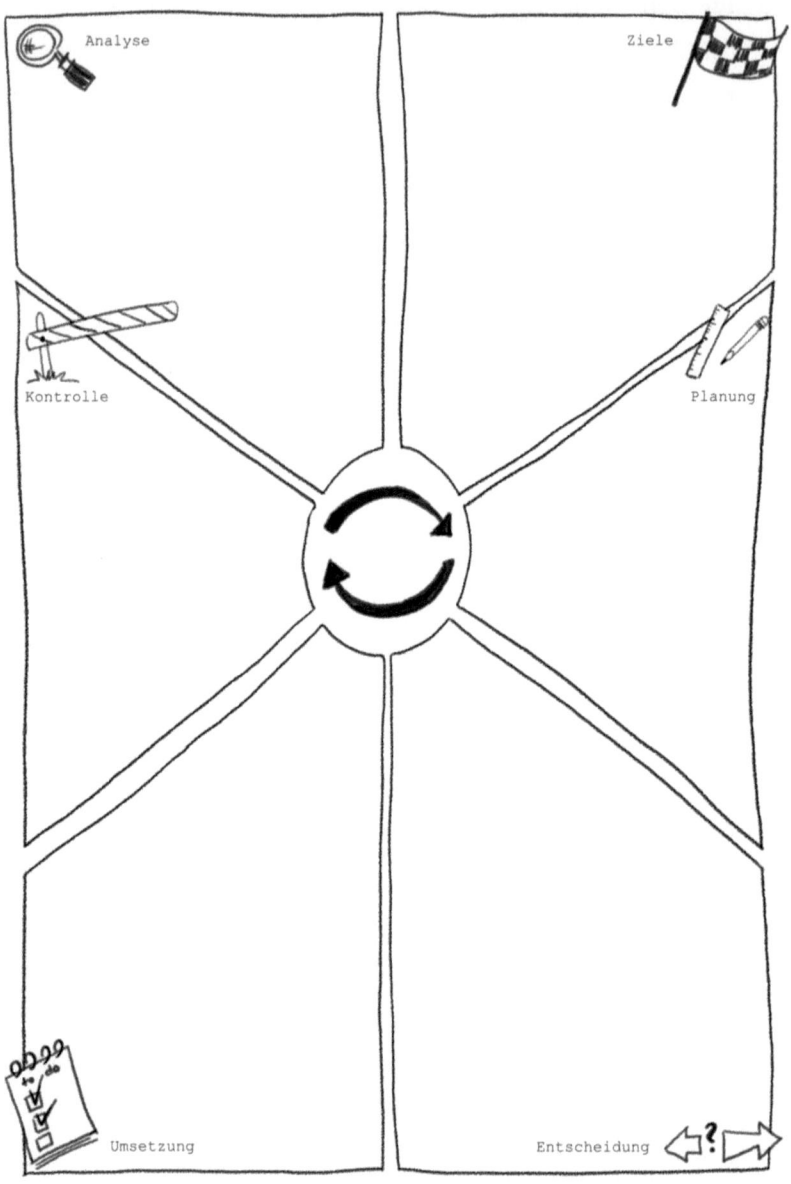

Analyse

Ziele

Kontrolle

Planung

Umsetzung

Entscheidung

Hier ist Platz für Ihre Notizen

Hier ist Platz für Ihre Notizen

2_SWOT-Analyse_Der Stand der Dinge

Die SWOT-Analyse wird genutzt, um einerseits die vorhandenen Stärken und Schwächen eines Unternehmens zu analysieren und andererseits die Chancen und Risiken aufzuzeigen, die außerhalb des Unternehmens bestehen. Der Begriff SWOT steht für die ersten Buchstaben der englischen Begriffe Strength (Stärken), Weaknesses (Schwächen), Opportunities (Chancen/Möglichkeiten) und Threats (Bedrohungen/Risiken). Im Management werden auf Basis der SWOT-Analyse zukünftige Ziele, spezielle Schwerpunkte und Strategien festgelegt, um in Zukunft erfolgreich auf einem Markt existieren zu können.

Auch für die Beschreibung einer aktuellen persönlichen oder beruflichen Situation kann die SWOT-Analyse gut eingesetzt werden. Sie bietet sich an, wenn Sie entweder einen allgemeinen Überblick über Ihre aktuelle Lebenssituation haben wollen oder einen speziellen Lebensbereich detaillierter untersuchen möchten. Die Bearbeitung der vier Quadranten einer SWOT-Analyse ist relativ einfach. Allerdings erfordert auch diese Methode etwas Aufmerksamkeit und Ehrlichkeit zu sich selbst, um ein sinnvolles Ergebnis zu liefern. Am Anfang steht dabei die Frage nach dem Zweck der Analyse. Warum und für welches Thema erstelle ich sie und was will ich damit erreichen? Betrachten wir zunächst die einzelnen Elemente dieser Analyse-Methode etwas genauer:

Der Blick nach innen: Meine Stärken

Hier geht es darum Dinge zu finden, die Sie besonders gut können. Das können persönliche Eigenschaften sein, aber auch Leistungen, Fähigkeiten oder besonderes Wissen. Bei Ihrer Aufzählung sollten Sie nicht zu bescheiden sein. Manchmal hilft auch der Blick in die Vergangenheit: Was hat mich früher interessiert? Gibt es verlorengegangene Hobbys? Die nachfolgenden Fragen können Ihnen bei der Suche nach Ihren Stärken als Impulse dienen:

- Welche besonderen Fähigkeiten habe ich?
- Welche besonderen Eigenschaften habe ich?
- Kann ich etwas besonders gut?
- Wo bin ich derzeit erfolgreich?
- Was fällt mir leicht? Was mache ich gerne?
- Werde ich von anderen in einer bestimmten Situation um Hilfe gefragt oder um Rat gebeten?
- Habe ich in einem bestimmten Bereich Fachwissen?
- Wo habe ich in meinem Leben bisher Erfolge erzielt?

- Über welche Ressourcen und Möglichkeiten verfüge ich?
- Was läuft gut?

Die Sammlung der eigenen Stärken ist auch eine gute Gelegenheit, einmal eine kleine Bilanz zu ziehen. So sehen Sie, was Sie bisher schon alles erreicht haben.

Der Blick nach innen: Meine Schwächen

Der zweite Quadrant der SWOT-Matrix beschäftigt sich mit den eigenen Schwächen. Sammeln Sie diejenigen Aufgaben, die Ihnen schwerfallen. Situationen, die Ihnen immer wieder Schwierigkeiten bereiten oder in denen Sie sich selbst im Weg stehen. Was hindert Sie voranzukommen? Auch hier einige Fragen, an denen Sie sich orientieren können:

- Was fehlt mir, um mich weiterzuentwickeln?
- Wo oder wobei empfinde ich Widerstände?
- Was läuft nicht so reibungslos wie gewünscht?
- Wo gibt es Schwierigkeiten oder Schwachstellen?
- Was würde ich gerne besser können?
- Was behindert oder hemmt mich?
- Warum schaffe ich Dinge nicht, die ich mir vornehme?

Verlieren Sie sich dabei aber nicht in Kleinigkeiten. Jeder Mensch hat Stärken und Schwächen, die in der Persönlichkeit verankert sind. Und das ist auch gut so. Der Fokus Ihrer Analyse sollte auf den Punkten liegen, die Sie wesentlich daran hindern, Ihre Ziele und Vorhaben zu erreichen oder verhindern, dass Sie Ihre Stärken voll entfalten können.

Der Blick nach außen: Meine Chancen

In diesem Sektor dreht es sich um Potenziale. Der Kern ist die Frage nach den Möglichkeiten, die mir meine Umwelt und meine Lebenssituation bietet. Gibt es Entwicklungen und Trends, die ich nutzen kann? Welche Chancen sehe ich zukünftig für mich und welche Pläne und Vorhaben sind für mich persönlich erstrebenswert?

- Welches Handlungsfeld/welche Stärke könnte ich weiter ausbauen?
- Wozu wäre ich noch fähig?
- Um welche Möglichkeiten habe ich mich bisher noch nicht oder zu wenig gekümmert?
- Gibt es in meiner Umwelt Impulse, die ich nutzen kann?
- Gibt es gesellschaftliche, technische, gesetzliche oder regionale Veränderungen, die mir neue Möglichkeiten eröffnen?
- Gibt es Kooperationspartner und Netzwerke, die mich weiterbringen?

Trauen Sie sich dabei in alle Richtungen zu denken. Entwicklungsmöglichkeiten entstehen nicht, wenn man sich gedanklich von vorherein einschränkt. Lassen Sie auch eine vermeintlich unrealistische Idee zu.

Der Blick nach außen: Meine Risiken

Hier blickt man auf diejenigen Entwicklungen, die möglicherweise ein Problem darstellen oder in Zukunft ein Problem werden könnten. Es ist also der bewusste Blick auf Risiken und Gefahren.

- Welche Schwierigkeiten können auf mich zukommen?
- Welche Umstände können für mich kritisch werden?
- Was passiert im schlimmsten Fall?
- In welchen Bereichen liegen Gefahren und Risiken?
- Schiebe ich ein Problem vor mir her?
- Vor welchen Hindernissen stehe ich?

Hier geht es nicht um Schwarzmalerei und das Inszenieren von Weltuntergangsstimmung. Vielmehr soll die persönliche Lebenssituation einmal kritisch geprüft werden, so dass bestehende bzw. zukünftige Risiken minimiert oder ausgeschlossen werden können. Da die äußeren Umstände nur schwer beeinflussbar sind, können Sie in der Regel wenig daran ändern. Sie können sich aber darauf vorbereiten.

So wenden Sie die SWOT-Analyse an

Um die Anwendung der SWOT-Analyse zu verdeutlichen, hier ein Beispiel. An einem Abend setzen Sie sich hin, um sich einmal grundsätzlich über Ihre derzeitige Situation Gedanken zu machen. Sie spüren, dass sich etwas ändern muss. Sie denken über die oben genannten Fragen nach. Am Ende schauen Sie auf diese persönliche SWOT-Analyse:

Stärken	Schwächen
- Gute Ausbildung - Fach- und Allgemeinwissen - Gute Sprachkenntnisse - Stabiles Netzwerk - Gute Finanzbasis	- Vermögensaufbau - Jobperspektiven - Wohnsituation - Defizite im Know-how - Kurs X abgebrochen

▪ Ausdauer	▪ zu wenig Zeit, zu viel Stress
▪ Kommunikationsfähigkeit	▪ Ungeduld
▪ Gesellschaftlich engagiert	▪ Bringe Dinge nicht zu Ende
▪ ...	▪ ...
Chancen	**Risiken**
▪ Hausbau	▪ Arbeitsplatzverlust
▪ Karriere	▪ finanzielle Verluste
▪ Selbstständigkeit	▪ gesundheitliche Probleme
▪ Reisen	▪ Wissen veraltet
▪ Hobbys und Freizeit	▪ Isolation und Überforderung
▪ Weiterbildung	▪ Probleme mit dem Partner
▪ ...	▪ ...

Damit haben Sie mit den Stärken und Schwächen den Blick nach innen – auf sich selbst – und mit den Chancen und Risiken einen intensiven Blick auf Ihre Umwelt geworfen. Sie haben sich einen ersten Eindruck über Ihre momentane persönliche Situation verschafft. Achten Sie darauf, dass die einzelnen Punkte einen Bezug zu Ihnen haben und nicht allgemeingültig sind. Der drohende Anstieg des Meeresspiegels ist ohne Zweifel eine große Gefahr, wäre aber in den meisten Fällen für die persönliche SWOT-Analyse nicht relevant.

Bei einer genaueren Betrachtung merken Sie, dass die Thematik Finanzen Sie besonders beschäftigt. Hier wollen Sie etwas tiefer in die Analyse gehen und sich auf diesen Schwerpunkt konzentrieren. Sie erstellen eine weitere SWOT-Matrix mit dem Zweck Ihre finanzielle Situation zu analysieren und gegebenenfalls aus dem Ergebnis Ihre Schlüsse zu ziehen.

Stärken	Schwächen
▪ Mit Zahlen umgehen können ▪ Konsequenz ▪ festes Einkommen ▪ ...	▪ Geringe Rücklagen ▪ zu hohe monatliche Fixkosten ▪ keine langfristige Strategie ▪ kein Vermögensaufbau ▪ ...
Chancen	**Risiken**
▪ Gehaltserhöhung verlangen ▪ Nebenjob annehmen ▪ Nebengewerbe eröffnen ▪ Vermögensaufbau planen ▪ Fixkosten reduzieren ▪ ...	▪ Finanzieller Engpass durch uner- wartete Ausgaben ▪ Keine Möglichkeit Geld anzusparen ▪ Hohe Kosten durch Überziehungs- zinsen ▪ ...

In der Betriebswirtschaft werden nun Stärken und Schwächen sowie Chancen und Risiken miteinander kombiniert. Bspw. fragt man sich, mit welcher Stärke kann ich welche Chance ausbauen? Oder bei welcher Schwäche muss ich aufholen, um eine Chance ergreifen zu können. Man spricht hier von *Normstrategien*:

- Ausbauen/Nutzen (Stärken und Chancen/SO-Strategie)

- Aufholen/Abbauen (Schwächen und Chancen/WO-Strategie)

- Absichern/Verteidigen (Stärken und Risiken/ST-Strategie)

- Vermeiden/Absichern (Schwächen und Risiken/WT-Strategie)

Auch wenn die Ergebnisse einer SWOT-Analyse in einem Unternehmen etwas komplexer ausfallen, kann man sich bei der persönlichen Zielbildung und vor allem bei der Strategiefindung diese Fragen genauso stellen.

Mit Blick auf Ihre Auflistung spüren Sie Handlungsbedarf. Schwächen und Risiken möchten Sie abbauen und vermeiden, bzw. sich gegen mögliche Risiken absichern. Im folgenden Schritt formulieren Sie ein konkretes Ziel, das Sie erreichen möchten.

Bis zum 31.12.20xx baue ich meine Rücklagen auf einen immer zur Verfügung stehenden Mindestbeitrag von 5.000 Euro auf, ...

Nun überlegen Sie, mit welchen Strategien und Maßnahmen Sie dieses Ziel erreichen können. Ihre Strategie ist: Langfristig stabile finanzielle Verhältnisse und Rücklagen schaffen, indem Sie Ihre Einnahmen erhöhen und Ausgaben reduzieren. Welche konkreten Maßnahmen könnten Sie nun dem Ziel näherbringen?

- Sie prüfen Ihre Fixkosten im Monat. Vielleicht können Sie das Fitness-Abo kündigen.
- Sie eröffnen ein Zielsparkonto und bedienen es mit 100 Euro/Monat
- Sie suchen sich einen Nebenjob und legen das Geld auf ein Tagesgeldkonto.
- Sie besuchen eine Fortbildung und verhandeln danach bezüglich einer Gehaltserhöhung.
- Sie informieren sich und erstellen eine langfristige Finanz- und Vermögensplanung.
- ...

Ob Sie sich zunächst auf eine Maßnahme konzentrieren oder mehrere Maßnahmen gleichzeitig umsetzen, liegt an Ihrer persönlichen Situation und Ihren Möglichkeiten. Und natürlich hängt es auch davon ab, welches Ergebnis die einzelne Maßnahme bereits erzielt. Vielleicht reicht diese einzelne Aktion schon aus, um das Ziel zu erreichen.

Das Ziel von oben könnten Sie realisieren:

... indem ich mir bis zum 30.09.20xx einen Nebenjob suche und das Geld auf ein Tagesgeldkonto lege und meine Chancen auf eine Gehaltserhöhung verbessere, indem ich bis zum xx.xx.xx eine Weiterbildung zum Bilanzbuchhalter/in beginne.

Die SWOT-Analyse können Sie in vielen Bereiche anwenden. Bspw. bei der Überlegung, sich selbstständig zu machen, den Job zu wechseln oder ein Haus zu bauen. Sie dient dazu, sich mit der Situation und den eigenen Fähigkeiten bewusst auseinanderzusetzen, um Potenziale und Chancen zu erkennen und auf Risiken vorbereitet zu sein. Wie die meisten Analysen liefert die SWOT-Analyse aber auch nur Informationen.

Welche Konsequenzen Sie daraus ziehen und welche Handlungen Sie daraus ableiten, bleibt in Ihrer Verantwortung. Versuchen Sie dabei auf Ihre Stärken zu setzen und diese zu nutzen, um damit mögliche Chancen zu ergreifen. Arbeiten Sie überwiegend chancenorientiert. So fördern Sie Veränderungen und gestalten aktiv Ihre persönliche Entwicklung.

Stärken	Schwächen
Chancen	Risiken

Hier ist Platz für Ihre Notizen

Hier ist Platz für Ihre Notizen

Was ist eigentlich ein Ziel? Viele Zielformulierungen sind bei genauerer Betrachtung von einer Person geäußerte Absichten, Wünsche oder ungenaue Vorstellungen und Erwartungen über einen Zustand in der Zukunft. Meistens werden die vermeintlichen Ziele auch im Konjunktiv benannt: Ich *würde, könnte, möchte* usw. „Ich würde gerne ein paar Kilo abnehmen." oder „Ich könnte eigentlich wieder mehr Sport treiben."

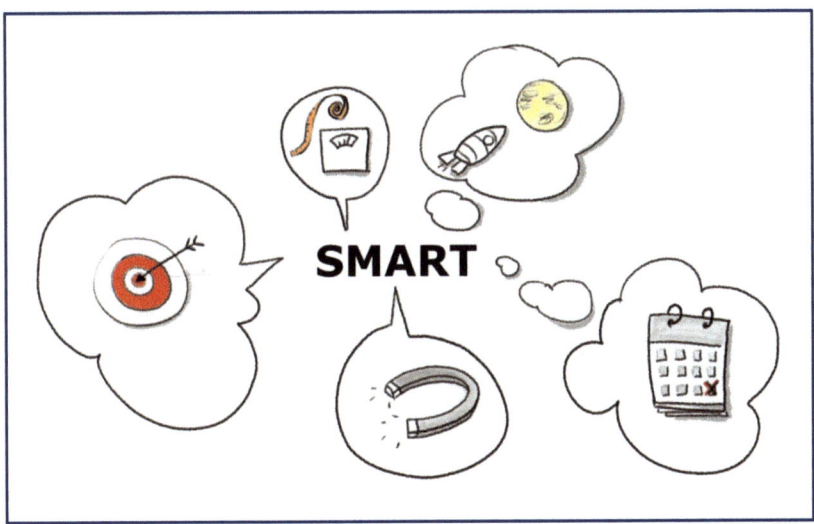

Mit diesen unklaren Vorgaben kann man allerdings in der Betriebswirtschaft nicht viel anfangen. Hier sind klare Indikatoren notwendig, die festlegen, wann ein bestimmtes Ziel erfolgreich erreicht wurde. „Wir wollen mehr Umsatz machen.", ist ein beliebtes Ziel in den Unternehmen. Aber wie viel ist „mehr"? In welchem Zeitraum oder bis zu welchem Zeitpunkt soll mehr

Umsatz erzielt werden? Mit welchen Produkten? Durch den Einsatz welcher Maßnahmen?

Ein einfaches Instrument, um Ziele präzise zu formulieren, ist die SMART-Methode. Trotz ihrer Einfachheit ist die Methode sehr effektiv und in der Praxis gut anwendbar. SMART steht dabei für fünf Kriterien, nach denen ein Ziel beschrieben werden soll.

Spezifisch:

Beschreiben Sie möglichst genau, was erreicht werden soll. Je konkreter der Zustand in der Zukunft beschrieben wird, desto besser ist es. Spezifisch meint aber nicht, möglichst ausführlich. Vielmehr gilt: In der Kürze liegt die Würze. Versuchen Sie so klar und prägnant wie möglich zu formulieren. Formulieren Sie Ihr Ziel aktiv: „Ich werde..." So wird aus „Ich könnte eigentlich mehr Sport treiben." ein aktives Ziel nämlich: „Ich erhöhe meine körperliche Fitness ab dem 1. Juli, indem ich in einem ersten Schritt regelmäßig jede Woche unabhängig vom Wetter zweimal eine halbe Stunde spazieren gehe."

Messbar:

Hier wird festgelegt, anhand welcher eindeutig definierten Zahlen und Größen man messen kann, dass das Ziel auch erreicht worden ist. Zahlen ermöglichen somit eine objektive Bewertung des Ergebnisses. Bei den meisten Zielen ist das messen relativ einfach: 4 Kilo weniger Gewicht im Vergleich zu heute, 20% mehr Finanzrücklagen gegenüber dem letzten Jahr, Französischkenntnisse auf dem Level B1, 5 Kilometer joggen in 30 Minuten.

Manche Ziele lassen sich schwerer messen. Ist das Ziel z.B. offener für andere Menschen zu werden, nicht mehr so verplant zu sein oder weniger Stress zu haben, müssen Sie sich messbare Kriterien suchen. Sie könnten als Kriterium festlegen, dass Sie zweimal im Monat eine Veranstaltung besuchen, mindestens einmal in der Woche an einem festen Tag eine Stunde für Ihre Planung reservieren oder mindestens einmal in der Woche zum Yoga gehen.

Akzeptiert/Attraktiv:

Ein Ziel muss motivierend sein. Es sollte eine persönliche Herausforderung sein, die Sie gerne annehmen. Sind die Ziele zu hochgesteckt und ehrgeizig, stellen sich die Erfolgserlebnisse nicht oder zu langsam ein. Einen Halbmarathon zu laufen ist schon recht ambitioniert. Der Weg dorthin für einen Einsteiger schwer. Ist mein Ziel zunächst, zweimal in der Woche eine halbe Stunde walken zu gehen, ist das leicht schaffbar. Arbeiten Sie lieber mit kleineren Herausforderungen, um sich ein entsprechendes Erfolgserlebnis beim Erreichen des Ziels zu ermöglichen. Von diesem Punkt aus können Sie dann ein neues motivierendes Ziel definieren und die Messlatte ein Stück höher legen.

Realistisch:

Ein Ziel muss mit eigenen Mitteln und Fähigkeiten erreichbar sein. Eine Abhängigkeit von anderen Menschen oder bestimmten Umständen ist nicht besonders förderlich. Sie müssten im schlechtesten Fall immer darauf warten, dass ein anderer etwas tut, damit Sie selbst vorankommen. Achten Sie

auch darauf, keine Vorbedingungen einzubauen. Vermeiden Sie „Wenn...,
dann...“-Formulierungen.

Terminiert:
Versehen Sie Ihr Ziel mit einem Zeitraum oder einem genauen Zeitpunkt.
Verwenden Sie bei der Definition ein Datum oder einen Zeitraum, bis zu
dem das Ziel erreicht sein wird. Mit Formulierungen wie „Bis zum...“ oder
„Innerhalb von ...“ setzen wir uns selbst eine Frist und verleihen unserem
Ziel damit eine bestimmte Bedeutung. Es wird verbindlicher.

Eigene Ziele überprüfen
Nicht in jedem Fall müssen alle fünf Kriterien ausformuliert werden. Aber
es ist sinnvoll, das eigene Ziel hinsichtlich der einzelnen Kriterien abzuklop-
fen und diese fünf Aspekte als Orientierung zu nutzen. Manche Ziele können aus einem Satz bestehen, andere Ziele müssen genauer beschrieben
werden.

„Ab jetzt werde ich nie wieder in meinem Leben Fleisch essen!“ ist ein kla-
res Ziel und besteht nur aus einem Satz.

Hier ein Ziel, das genauer beschrieben ist: „Meine finanziellen Rücklagen
werde ich bis zum 31.12.20xx auf 5.000 Euro erhöhen, indem ich monatlich
den Betrag x auf ein Sparkonto einzahle und 50 Euro in bar anspare. Den
notwendigen Betrag erwirtschafte ich durch einen Nebenjob als Y, den ich
bis zum 31.10.20xx gefunden habe.“

Ob das Ziel motivierend und realistisch für Sie ist, müssen Sie selbst einschätzen. Manche Menschen brauchen radikale Ziele und große Herausforderungen. Alles konzentriert sich dann auf die Umsetzung und den Weg hin zu diesem einen Ziel. Ein Spitzensportler bspw., der Weltmeister werden will, ist voll und ganz auf dieses Ziel fokussiert.

Jeder Mensch hat andere Ziele, die ihm wichtig sind. Wir können also davon ausgehen, dass ein persönliches Ziel für die jeweilige Person auch erstrebenswert ist.

Versuchen Sie doch einmal, Ihre Ziele nach der SMART-Regel zu spezifizieren oder zu ergänzen. Gehen Sie die einzelnen Punkte durch und überprüfen Sie Ihre Formulierung anhand der fünf Kriterien.

Wenn Sie mehrere Ziele haben, achten Sie darauf, dass die Ziele sich nicht gegenseitig behindern. Konzentrieren Sie sich lieber auf ein Ziel und packen Sie das nächste Ziel dann an, wenn das vorhergehende erreicht wurde. Andernfalls besteht die Gefahr, sich zu verzetteln. Sie können Ihre Energien nicht bündeln und kommen nur langsam vorwärts. Mehr als zwei bis drei größere Ziele sollte man nicht gleichzeitig verfolgen.

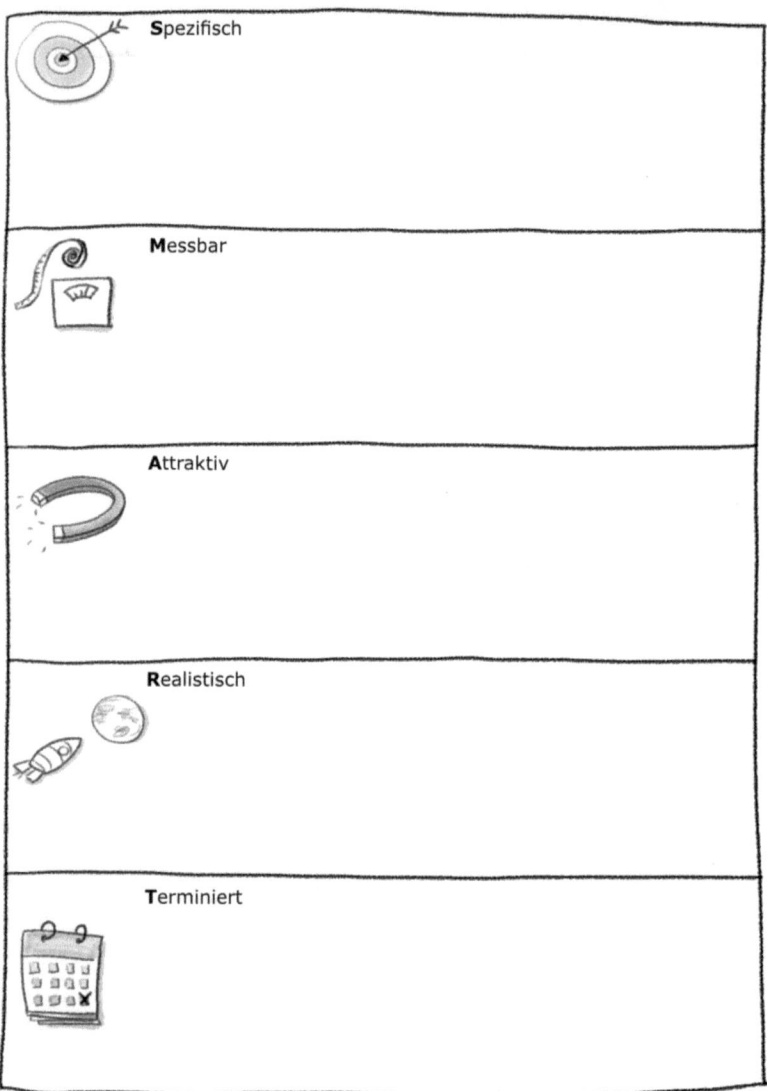

Spezifisch

Messbar

Attraktiv

Realistisch

Terminiert

Hier ist Platz für Ihre Notizen

Hier ist Platz für Ihre Notizen

4_Entscheidungsmartix_gute Entscheidungen treffen

Entscheidungen werden oft rein intuitiv aus dem Bauch heraus getroffen. Hunderte Male am Tag entscheiden wir schnell und spontan. Unsere Erfahrung und unser Gefühl helfen uns dabei, die richtige Entscheidung zu finden. Meistens geht es dabei um Dinge, die keine großen Auswirkungen haben. Habe ich mich bei der Frage nach der richtigen Jacke am Morgen verschätzt, dann fühle ich mich im schlimmsten Fall tagsüber nicht wohl in meiner Haut oder mir ist kalt, wenn ich am Bahnhof stehe.

Entscheidungen haben Folgen

Entscheide ich beim Hauskauf, beim Jobwechsel oder bei meiner Urlaubsplanung falsch, schaut es schon anders aus. Die getroffene Entscheidung zieht weitreichende Konsequenzen nach sich und ist nur schwer wieder umzukehren. Im Geschäftsleben müssen oft Entscheidungen getroffen werden, die

Entscheidungsmatrix

---

notwendig und sehr bedeutend sind. In welche Produkte wird investiert? Welchen Mitarbeiter soll das Unternehmen einstellen? Welche Absatzmärkte sollen erschlossen werden? Und vieles mehr. Daher hat das Thema „Entscheidungen treffen" auch seinen eigenen Platz im Management-Regelkreislauf.

Um eine möglichst gute Entscheidung zu treffen und die **objektiv beste Alternative** oder Option zu wählen, nutzen die Manager/innen die sogenannte Entscheidungs-Matrix. Dieses Werkzeug ist leicht anzuwenden, zwingt den Nutzer aber dazu, sich über die möglichen Alternativen Gedanken zu machen und sich die Kriterien, die für eine Entscheidung wichtig sind, bewusst zu machen. Dadurch soll vermieden werden, dass die Auswahl rein gefühlsmäßig getroffen wird oder, dass nur der Wille einer Person entscheidet und nicht Argumente. Die Anwendung dieses Instruments zeige ich Ihnen anhand eines kurzen Beispiels:

Eine Entscheidungs-Matrix erstellen

Einmal angenommen, es steht eine größere Entscheidung ins Haus. Sie haben sich bei einigen Firmen beworben und hätten nach den Vorstellungsgesprächen drei Zusagen erhalten. Nun sind Sie in der Zwickmühle. Jedes Angebot hat - wie vieles im Leben - sein Für und Wider. Die Entscheidung fällt Ihnen nicht leicht. Sie versuchen es mit der Entscheidungs-Matrix.

1	2	3	2	3
K1	Pkt.	Alt.	Pkt.	Alt.
K2	Pkt.	Alt.	Pkt.	Alt.
K3	Pkt.	Alt.	...	...

In die erste Spalte tragen Sie nun die Kriterien ein, die Ihnen wichtig sind. In die Spalten zwei bis vier die Firmen, die Ihnen ein Angebot gemacht haben. In diesem Fall haben Sie drei Alternativen.

Kriterien	Firma A	Firma B	Firma C
▪ Gehalt			
▪ Fahrtweg			
▪ Aufstiegschancen			
▪ Tätigkeit			
▪ Kollegen			
▪ Arbeitszeit			
▪ Atmosphäre			
▪ ...			

Nun brauchen Sie ein Bewertungsverfahren. Am einfachsten ist es Punkte zu vergeben. Entweder von 1 (sehr schlecht) -10 (sehr gut) oder nach Schulnoten von 1 (sehr gut) - 6 (sehr schlecht). Hierbei müssen Sie nur darauf achten, dass im ersten Fall die Alternative mit den meisten Punkten die beste ist und bei den Schulnoten die mit den wenigsten Punkten.

Haben Sie sich für ein Verfahren entschieden, kann es auch schon los gehen.

Im zweiten Schritt bewerten Sie nun die einzelnen Kriterien für die jeweiligen Alternativen. Im Beispiel erfolgt die Bewertung von 1 (sehr schlecht) bis 10 (sehr gut).

Kriterien	Firma A	Firma B	Firma C
• Gehalt	10	6	4
• Fahrtweg	3	8	6
• Aufstiegschancen	5	7	10
• Tätigkeit	6	9	7
• Kollegen	4	5	7
• Arbeitszeit	7	4	6
• Atmosphäre	8	6	5
• ...			
Summe	**43**	**45**	**47**
Durchschnitt	**6,1**	**6,4**	**6,7**

Zählen Sie nun die Punkte (Summe) zusammen oder berechnen Sie den Durchschnitt (Punkte geteilt durch Anzahl der Kriterien) und Sie finden die **objektiv** am besten erscheinende Alternative. In diesem Fall Firma C.

Kriterien sind unterschiedlich wichtig

Aber nicht immer sind die Kriterien auch gleich wichtig. Das Gehalt ist Ihnen z.B. wichtiger als der Fahrtweg. Dann gibt es die Möglichkeit, den einzelnen Kriterien mehr oder weniger Bedeutung zu geben. Man verwendet dafür einen Faktor, mit dem die vergebenen Punkte multipliziert werden.

Für unser Beispiel verwenden wir einen Multiplikator von 1 (nicht wichtig) bis 5 (sehr wichtig).

Rechnerisch werden nun die vorher vergebenen Punkte mit dem Gewichtungsfaktor multipliziert. Also bspw. 4 x 10 Punkte der Firma A beim Kriterium Gehalt.

Kriterien	Gewichtung	Firma A	Firma B	Firma C
• Gehalt	4	40	24	16
• Fahrtweg	4	12	32	24
• Aufstiegschancen	5	25	35	50
• Tätigkeit	4	24	36	28
• Kollegen	3	12	15	21
• Arbeitszeit	2	14	8	12
• Atmosphäre	4	32	24	20
• ...				
Summe		**159**	**174**	**171**
Durchschnitt		**22,7**	**24,9**	**24,2**

Je nachdem wie die Gewichtung verteilt ist, kann auch ein anderes Ergebnis herauskommen als jenes, das bei der einfachen Matrix zustande gekommen ist. In unserem Beispiel ist bei der Verwendung einer gewichteten Entscheidungs-Matrix die Firma B um wenige Punkte die bessere Alternative geworden.

Treffen Sie Entscheidungen

Wenn Sie in nächster Zeit zwischen mehreren Alternativen entscheiden müssen, dann versuchen Sie Ihre Entscheidung bzw. die verschiedenen Möglichkeiten mit der Entscheidungs-Matrix abzuwägen. Natürlich spielen auch äußere Zwänge oder strategische Aspekte, die für oder gegen einen bestimmten Beschluss sprechen, eine Rolle und beeinflussen Ihre letztendliche Auswahl.

Nutzen Sie die Vorlage auf der folgenden Seite. Schreiben Sie auf, welche Kriterien Ihnen wichtig sind und wie stark die vorhandenen Alternativen diese berücksichtigt.

Eine Entscheidung zu treffen, bedeutet in der Regel, sich auch von der/den anderen Variante/n zu verabschieden. Entscheiden heißt also loslassen können. Auf dem Weg zum Ziel ist ein andauerndes Vor und Zurück nicht nützlich. Menschen, die keine Entscheidungen treffen können, verschwenden Ihre Zeit mit Grübeleien, Befürchtungen und dem Warten auf die noch bessere Alternative. Die vielleicht niemals kommt.

1	2	3	2	3	2	3
K1	Pkt.	Alt.	Pkt.	Alt.	Pkt.	Alt.
K2	Pkt.	Alt.	Pkt.	Alt.	Pkt.	Alt.
K3	Pkt.	Alt.	...	...	...	...
...	...	...	...	...	...	...
...	...	...	...			
Summe						

1 = Kriterium   2 = Punkte   3 = Alternative

Hier ist Platz für Ihre Notizen

Hier ist Platz für Ihre Notizen

5_Vision Board_Ziele visualisieren

Bilder haben eine ganz besondere Wirkung für die Zielerreichung. Sie visualisieren den gewünschten Zustand in der Zukunft. Man hat sein Ziel also plastisch vor Augen und kann sehen, welches Ergebnis eine gute Planung und konsequente Umsetzung haben wird. Dabei unterstützen Bilder nicht nur die eigene Vorstellungskraft, sondern wirken auch als Motivator und helfen, sich auf das Ziel, das man vor Augen hat, zu fokussieren. Wenn Sie Ihr Ziel bereits mit der SMART-Regel schriftlich beschrieben haben, können Sie es nun mit Hilfe eines Vision Boards auch kreativ darstellen.

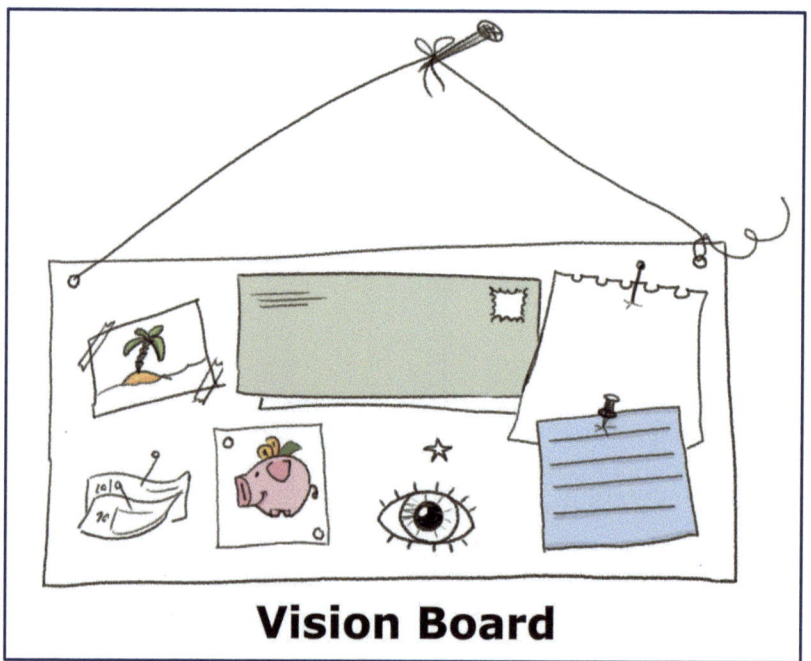

Vision Board

Gedanken bestimmen unser Handeln

Diesen Effekt nutzen z.b. auch Sportler, die sich in einem Mentaltraining mit Hilfe von inneren Bildern auf einen Wettkampf vorbereiten oder Menschen, die eine Rede halten müssen. Sie versetzen sich gedanklich in die Situation und gehen ihr Verhalten Schritt für Schritt immer wieder durch. Denn alles, was wir in unserem Leben tun, basiert ursprünglich auf unseren Gedanken. Haben wir ein erstrebenswertes Ziel vor unserem inneren Auge und sehen uns in der zukünftigen Erfolgs-Situation, so richten wir automatisch und unbewusst unser Handeln nach diesem Ziel aus.

Stellen Sie sich vor, Sie möchten Ihren Traum-Urlaub in der Südsee verbringen. Dafür müssen Sie vielleicht eine Weile sparen und einige Vorbereitungen treffen. Sie planen mit Ihrem Workbook die notwendigen Schritte. Nutzen Sie nun ein Vision Board, um die Motivation bei der Umsetzung hoch zu halten. Sammeln Sie Fotos, Texte, Sprüche oder was auch immer Sie mit Ihrem Traum-Urlaub in Verbindung bringen. An einem prominenten Platz aufgehängt, erinnert Sie das Vision Board jeden Tag an Ihr Ziel und motiviert Sie immer wieder auf dem Weg dorthin.

Der erste Schritt ist natürlich, ein erstrebenswertes Ziel für sich festzulegen. Hier hilft die **SMART-Regel**, die Sie aus Kapitel 3 schon kennen. Ob Urlaub, Sport, Gesundheit, Beruf. Dieses Tool können Sie auf nahezu alle Lebens-Bereiche anwenden. Haben Sie Ihren Wunsch-Zustand für Ihre Zukunft gefunden und definiert, dann erstellen Sie Ihr individuelles Vision-Board. Ihrer Kreativität sind dabei keine Grenzen gesetzt.

Ziele visualisieren

Versuchen Sie nun, Ihr Ziel zu visualisieren, indem Sie passende Bilder aus Zeitschriften oder dem Internet sammeln oder ausdrucken. Sie können auch eigene Skizzen erstellen, motivierende Sprüche oder Symbole verwenden. Kleben Sie ein Sparschwein auf Ihr Vision Board, dass Sie daran erinnert, jeden Monat etwas Geld auf die Seite zu legen. Wollen Sie über Weihnachten verreisen, suchen Sie ein Bild von einem Christbaum. Was auch immer Sie mit Ihrem Ziel in Verbindung bringen, kann seinen Platz auf dem Vision Board finden.

Als Fläche für den Untergrund können Sie dickere Pappe, eine Pinnwand aus Kork oder eine Leinwand benutzen. Von Vorteil ist es, wenn man dem Vision Board problemlos Elemente hinzufügen oder wegnehmen kann. Hängen Sie Ihr Vision Board an einer Stelle auf, die Sie möglichst oft, am Besten jeden Tag, zu Gesicht bekommen. Wenn Sie wollen, können Sie auch ein Foto Ihres Vision Boards machen und als Hintergrundbild für Ihr Smartphone nutzen – denn auf dieses schauen die meisten Menschen doch relativ häufig.

Notieren Sie, was Sie motiviert. Welche Bilder haben die größte Wirkung auf Sie? Haben Sie einen Leitspruch für Ihr Ziel? Ein Vorbild? Was veranschaulicht Ihr Ziel? Machen Sie aus dem Vision-Board Ihren individuellen Motivations-Turbo.

Hier ist Platz für Ihre Notizen

Hier ist Platz für Ihre Notizen

Ein Tool, um größere Aufgaben oder Projekte erfolgreich bewältigen zu können, ist die sogenannte Salami-Taktik. Steht man vor der Herausforderung, ein umfangreiches Vorhaben endlich angehen zu wollen, scheuen viele Menschen den Anfang. Der Berg an einzelnen Schritten und Teilaufgaben erscheint einfach zu hoch. „Das schaffe ich nie!", ist der erste Gedanke oder „Wo und wie soll ich bloß anfangen?". Durch diese mentale Einstellung wird der Startschuss immer wieder verschoben oder bestenfalls ein paar kleinere Dinge halbherzig angefangen, die dann unerledigt liegen bleiben.

Obwohl man weiß, dass die Aufgabe erledigt werden sollte oder muss, steht man etwas hilflos vor der Frage, wie man diesem Aufgaben-Ungetüm beikommen soll. Ignorieren oder den „Kopf in den Sand stecken" sind beliebte Strategien.

In dieser Situation ist die Salami-Taktik eine geeignete Methode, um Schritt für Schritt in kleinen Etappen vorwärts zu kommen.

Überschaubare Teilaufgaben

Mit dieser Methode werden große, unüberschaubare Aufgaben in abgeschlossene kleine Teilaufgaben zerlegt. Diese Teilschritte sind dann wesentlich übersichtlicher und können leichter erledigt werden.

Die große Aufgabe wird wie eine Salami in kleine Scheiben geschnitten. Ist die umfangreiche oder schwierige Aufgabe erst einmal in überschaubare Einheiten zerlegt, verliert sie an Bedrohung und kann nun Schritt für Schritt abgearbeitet werden. Das hat den Effekt, dass sich das Gefühl von Frustration („Schaffe ich nie.") hin zur Motivation („Habe etwas geschafft!") wendet.

Nehmen Sie sich zunächst Zeit, die **Gesamtaufgabe** in sinnvolle und in sich abgeschlossene Teilaufgaben zu **zerlegen**. Bei sehr umfangreichen Projekten kann es vorkommen, dass auch die Teilaufgaben weiter unterteilt werden müssen, um ein für sich schaffbares Arbeitspaket zu erhalten. Arbeiten Sie dabei immer schriftlich. Achten Sie im nächsten Schritt auf eine sinnvolle Reihenfolge bei der Erledigung der Teilaufgaben. Welche Aufgabe hat eine hohe Priorität? Welche Aufgaben bauen aufeinander auf? Kurz: Was muss zuerst erledigt werden?

Und zum Schluss setzen Sie sich für die nun wesentlich überschaubareren Teilaufgaben einen Termin, bis zu dem Sie die Aufgabe erledigt haben wollen. Indem Sie nun nur kleine „Scheiben" abarbeiten müssen, fällt der Anfang nicht mehr schwer.

Dieses Vorgehen wird bspw. auch im Projektmanagement eingesetzt, wenn es darum geht, große Projekte zu planen und zu organisieren.

Medizin gegen Aufschieberitis

Die Salami-Taktik ist ein wirkungsvolles Heilmittel gegen Aufschieberitis. Gerade das Angehen einer unangenehmen Aufgabe wird immer wieder verschoben. Dadurch kommt Frust auf und es erscheint unmöglich, die Aufgabe irgendwann noch bewältigen zu können. Setzen Sie sich mit der Aufgabe auseinander und planen Sie einzelne Schritte - mögen diese noch so klein sein. Dann kostet der Beginn weniger Überwindung. Haben Sie ein Teilziel erreicht, werden Sie feststellen, dass der Druck allmählich abnimmt. Belohnen Sie sich für diese kleinen Erfolge, die Sie im Laufe der Zeit dem großen Ziel ein Stück näherbringen. Mit der notwendigen Kontinuität ist es nur eine Frage der Zeit, bis Ihre Aufgabe ganz erledigt ist.

Die Salami-Taktik im Alltag

Ihr Haus platzt aus allen Nähten. Die Schränke und Schubladen sind vollgestopft, Sie verschwenden viel Zeit bei der Suche nach den Dingen, die Sie brauchen. Im Grunde haben Sie gar keinen Überblick mehr, was Sie eigentlich alles besitzen. Es wird Zeit, einmal gründlich aufzuräumen. Doch Sie haben nicht den rechten Antrieb und die notwendige Motivation dazu. Die Aufgabe ist zu umfangreich.

Nun setzen Sie die Salami-Taktik ein, um die Tätigkeiten zu zerlegen und der Aufgabe eine Struktur zu geben.

Hauptaufgabe ist, das Haus aufzuräumen. Dazu gehören das Erdgeschoss, der 1. Stock und der Keller sowie die Garage. Um richtig voran zu kommen, benötigen Sie ein paar Kartons und Kisten. Die erste dicke Salami-Scheibe wird die Garage. Alte Flaschen, Kartons und diverses Kleinzeug steht an den Wänden und in den Regalen.

Nun teilen Sie diese Scheibe auch weiter auf:

1. Schritt:

- Den Überblick verschaffen. Was brauchen Sie auf keinen Fall mehr?
- Was davon kann noch verwertet werden? (Sozialkaufhaus etc.)
- Was benötige ich für diese Teilaufgabe? Z.B. Kisten

  1 Stunde am Samstag

2.Schritt:

- Kisten im Baumarkt besorgen

  0,5 Stunden am Montag

3. Schritt:

- Zuerst widmen Sie sich allen Dingen, die entsorgt werden müssen. Je nach Umfang unterteilen Sie diese Tätigkeit eben auch wieder. Erst einmal nur die Flaschen, dann das Papier, dann Holz, dann....
- Flaschen in die Kiste und die Kiste in das Auto.

- Am nächsten Tag die Flaschen auf dem Weg zur Arbeit entsorgen. Haben Sie zu viele Flaschen, dann weiter unterteilen und am nächsten Tag wieder eine Kiste mitnehmen.

0,5 Stunden am Dienstag/Mittwoch

Und selbst, wenn Sie jede Flasche einzeln entsorgen würden, wären Sie nach einer bestimmten Zeit mit dieser Teilaufgabe fertig. Vorausgesetzt Sie bleiben an der Sache dran. **Kontinuität ist das entscheidende Element** bei der Salami-Taktik. Alle Flaschen sind weg? Gönnen Sie sich eine kleine Belohnung und gehen Sie die nächste Teilaufgabe an.

Diese Methode können Sie in vielen Situationen anwenden. Sie müssen Ihre Abschlussarbeit schreiben, eine Präsentation halten, eine Party vorbereiten. Mit der Salami-Taktik zerlegen Sie große Vorhaben in kleine Scheibchen und erledigen alles nach und nach, bis die Aufgabe „gegessen" ist. Die Vorlage auf der nächsten Seite zeigt Ihnen das Prinzip und unterstützt Sie beim Einstieg in die Planung.

Üben Sie diese Technik zu Beginn an kleineren Projekten. Mit etwas Erfahrung sind dann auch umfangreichere Aufgaben leicht zu bewältigen. Wichtige Arbeiten immer wieder aufzuschieben, bringt wirklich nichts.

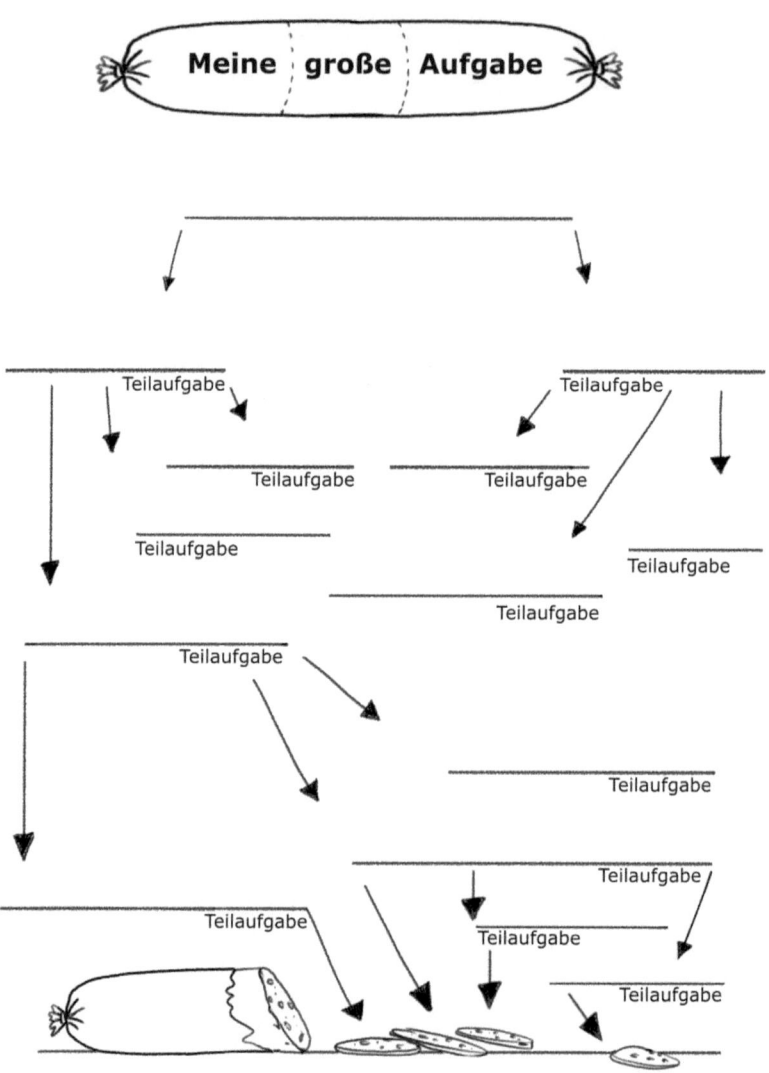

Hier ist Platz für Ihre Notizen

Hier ist Platz für Ihre Notizen

07_Pareto-Prinzip_Prioritäten setzen

Das Pareto-Prinzip ist auch bekannt als die 80-20-Regel. Diese Methode hilft Ihnen, Prioritäten zu setzen und die zur Verfügung stehende Zeit auf die wirklich entscheidenden Aufgaben zu fokussieren. Allen Perfektionisten sollte das Pareto-Prinzip eine willkommene Unterstützung sein, um Aufgaben in einer angemessenen Zeit mit einem zufriedenstellenden Ergebnis zu erledigen.

Die Theorie zu dieser Planungstechnik stammt vom italienischen Wirtschaftswissenschaftler Vilfredo Pareto. Dieser hatte um die Jahrhundertwende 1900 bei einer Untersuchung der Verteilung des Grundbesitzes in

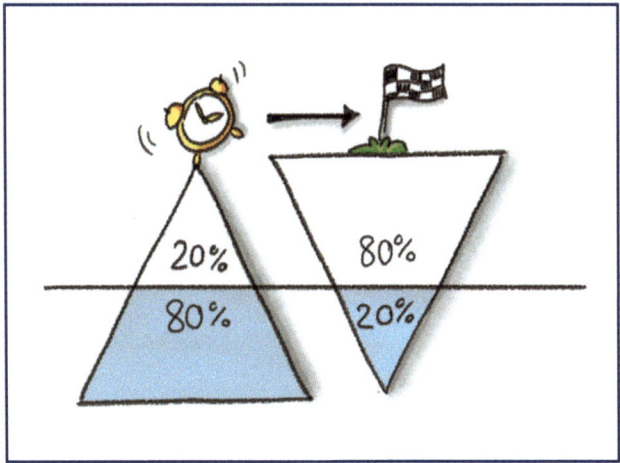

Italien herausgefunden, dass ca. 20% der Bevölkerung ca. 80% des Grundes besaßen. In nachfolgenden Studien und Beobachtungen bestätigte sich dieser Verteilungsschlüssel mehr oder weniger. Denken Sie dabei einmal an Ihre Garderobe. Sie werden feststellen, dass Sie zu 80% der Zeit nur 20% Ihrer

Kleidung tragen, die Sie im Kleiderschrank hängen haben. Oder an Ihre Social-Media-Aktivitäten, bei denen Sie wahrscheinlich mit 20% Ihrer Kontakte 80% Ihrer Unterhaltungen führen.

Das Prinzip wird auch im unternehmerischen Bereich genutzt. So zeigt sich in vielen Firmen, dass 20% der Produkte für 80% des Umsatzes sorgen. Im Einkauf sind 20% des Materials für 80% der Einkaufskosten verantwortlich. 20% der Kunden bringen 80% des Umsatzes usw.

Die Betriebswirtschaft nutzt das Pareto-Prinzip zur Erstellung sog. ABC-Analysen. Mit diesen Analysen kann man Kunden, Produkte oder Kostenstellen in die Klassen A, B und C einteilen, dadurch priorisieren und Schwerpunkte bilden. Auf die A-Gruppe wird dann besonders geachtet. Denn dieser relativ kleine Anteil (20%) ist für einen großen Teil (80%) des Ergebnisses verantwortlich. So erhalten die A-Kunden, die den meisten Umsatz bringen, bspw. einen besonderen Service oder höhere Rabatte.

Bei der Umsetzung unserer Ziele sollten wir es ebenso halten. Die wirklich **wichtigen Dinge** und Aufgaben (20% aller Aufgaben), sollten auch die meiste **Aufmerksamkeit** erhalten und an erster Stelle stehen. Denn diese Aktivitäten tragen schon zu 80% zum Erfolg bei – 20% Aufwand bringt 80% Ergebnis.

Prioritäten setzen

Damit kommen wir zur Anwendung des Pareto-Prinzips im Zeitmanagement. Es geht darum, bei einer anstehenden Aufgabe die zur Verfügung stehende Zeit auf die entscheidenden Themen zu verwenden. Das sind diejenigen Aktionen, die wesentlich zum Erfolg beitragen.

Einmal angenommen Sie haben zwei Stunden Zeit, um Ihr Auto zu putzen. Als erstes fahren Sie in die Waschanlage, entsorgen den Müll aus dem Auto und saugen einmal grob durch. Im Ergebnis schaut Ihr Wagen nun wieder ganz passabel aus (80% des Ergebnisses mit 20% des Zeitaufwands). Fangen Sie nun zu Hause an, die Scheiben zu reinigen, das Cockpit zu pflegen, die Sitze zu shampoonieren und jede kleine Ritze zu säubern, brauchen Sie ungleich länger (80% des Zeitaufwands für 20% des Ergebnisses) bis auch der letzte Schalter blitzblank ist.

Effektiv und effizient

Das Pareto-Prinzip besagt damit aber keineswegs, dass wir uns immer mit 20% Aufwand und 80% Ergebnis zufriedengeben sollen. Also keine Entschuldigung für schlampiges Arbeiten. Vielmehr soll es helfen, zu Beginn einer Aufgabe die richtigen Prioritäten zu setzen. Durch die Frage „Tue ich die richtigen Dinge?", frage ich nach der Effektivität meiner Handlung. Effektiv ist eine Aktion, wenn das Ergebnis der Aktion dem gewünschten Ziel entspricht. Auf diese effektiven Aufgaben sollten Sie sich bei Ihren Vorhaben immer zuerst konzentrieren. Es sind Ihre „A-Aufgaben", die wesentlich zu Erfolg beitragen.

Die zweite Frage, die Sie sich stellen müssen, ist die Frage nach der Effizienz. Mit der Frage „Tue ich die Dinge richtig?" überprüfen Sie, mit welchem Aufwand Sie eine Aufgabe erledigen. Auf unser Beispiel von vorher übertragen, wäre es das richtige „Ding", zuerst das Auto von außen zu waschen.

Würden Sie dies mit einer Zahnbürste erledigen, wäre dies aber nicht besonders effizient.

Das Pareto-Prinzip stellt nicht nur die Frage nach dem **„was"** soll ich tun, sondern auch die Frage nach dem **„wie"** soll ich es tun. Es kommt vor, dass Menschen hoch effizient und wirtschaftlich arbeiten. Sie sind unglaublich beschäftigt. Aber leider verbringen sie diese viele Zeit mit der Erledigung der „falschen" Dinge. Ihr Tun ist nicht effektiv und zielführend – hoher Aufwand, kein Ergebnis.

Aufschieberitis, Detailverliebtheit und Perfektionismus

Die 80-20-Regel ist eine Methode, die vor allem Menschen entlastet, die gerne Aufgaben hinausschieben, sich in Details verlieren und aufgrund ihres Perfektionismus niemals zu einem Ende kommen. Welchen Nutzen hat es, wenn ich zwar die wichtigste Aufgabe kenne, aber unangemessen viel Zeit brauche, um einen Schritt weiter zu kommen? Perfektionismus ist ein ziemlich hungriger Zeitfresser, der viel Energie raubt und nur noch wenig zu einem gelungenen Endergebnis beiträgt. Denn ein hoher Zeiteinsatz ist kein Garant für ein gutes Ergebnis. In den allermeisten Fällen reicht es aus, dass eine Aufgabe gut erledigt wird und nicht perfekt. Wichtige Dinge vor sich her zu schieben bedeutet Stress und Zeitdruck. Unerledigte Aufgaben können sich mit der Zeit zu Problemen entwickeln, deren Lösung dann einen weitaus höheren Aufwand benötigt, als ursprünglich notwendig war.

Nehmen Sie sich ein Blatt Papier und notieren Sie eine Aufgabe, die gerade ansteht und erledigt werden muss. Überlegen Sie, welche Aktivitäten wirklich wichtig sind. Setzen Sie Prioritäten und lassen Sie sich bei der Erledigung nicht ablenken. Gerade bei unangenehmen Aufgaben nimmt man eine Ablenkung gerne als willkommen an.

Müssen Sie bspw. etwas im Internet recherchieren, vermeiden Sie es, von einem Link zum nächsten zu klicken und sich in den unendlichen Weiten des Internets zu verlaufen.

Bereiten Sie eine Präsentation oder eine schriftliche Arbeit vor, beginnen Sie mit den Inhalten, bevor Sie an der Formatierung oder den Grafiken arbeiten.

Gehen Sie beim Hausputz zunächst großzügig durch die Räume, bevor Sie mit dem Zahnstocher die Fliesenfugen sauber machen.

Ihrer Grillfeier fügt die 10. Salatvariation auch keinen wirklichen Mehrwert mehr hinzu.

Fragen Sie sich zwischendurch immer wieder, ob das Mehr an Aufwand auch wirklich ein Mehr an Erfolg und Ergebnis bringt. Beschäftigen Sie sich mit den **wirklich wichtigen Dingen** oder verrichten Sie schon **Fleißarbeit**?

Achten Sie in den kommenden Tagen darauf, womit Sie Ihre Zeit verbringen? Sind es die Dinge, die Sie ein Stück näher an Ihr persönliches Ziel führen? Bekommen die notwendigen Aufgaben auch die entsprechende Beachtung?

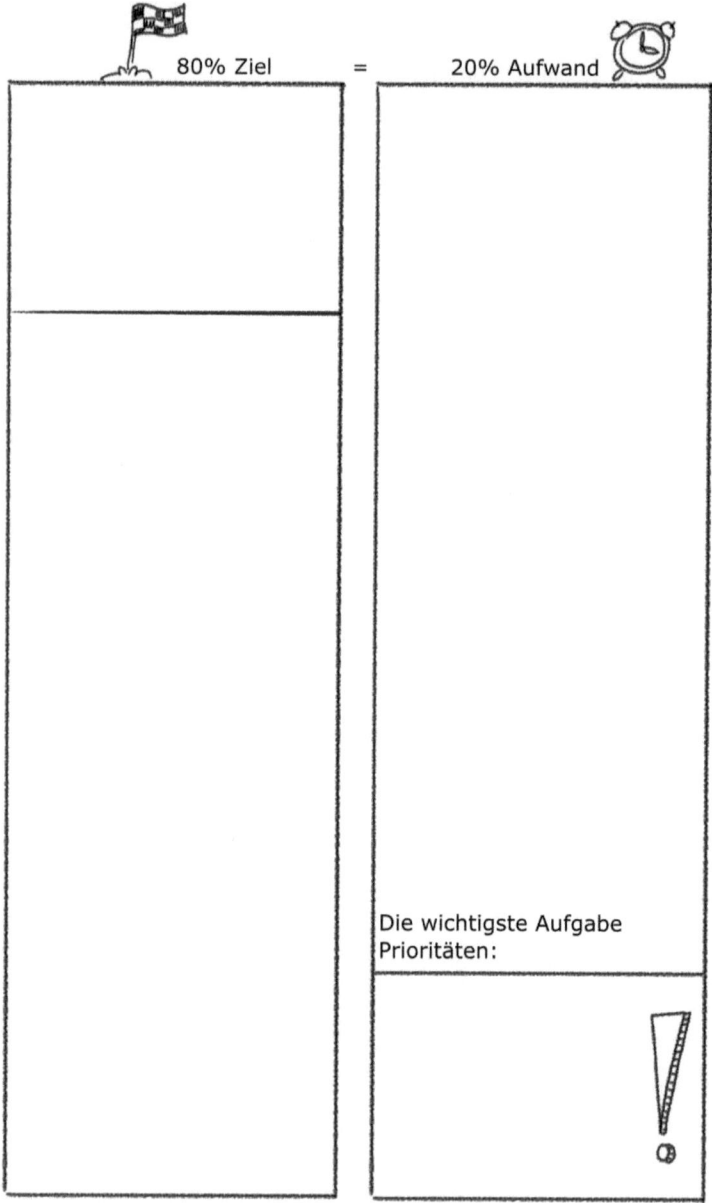

80% Ziel = 20% Aufwand

Die wichtigste Aufgabe
Prioritäten:

Hier ist Platz für Ihre Notizen

Hier ist Platz für Ihre Notizen

08_25.000 Dollar-Methode_nicht ablenken lassen

Ein sehr hilfreiches Instrument für die Tagesplanung und die Fokussierung auf die wichtigsten Aufgaben des nächsten Tages ist die 25.000 Dollar-Methode. Der Erfinder dieser Methode, der Berater Irving Lee, wurde vom Präsidenten eines erfolgreichen, weltweit agierenden Stahlkonzerns gebeten, ihm eine Methode zu entwickeln, mittels derer er sein Zeitmanagement optimieren und seine Aufgaben besser strukturieren konnte. Mr. Lee präsentierte dem Unternehmer seinen neuen Ansatz und überließ es ihm auch, die Höhe der Bezahlung festzulegen - je nachdem, ob er zufrieden war oder nicht. Lee erhielt wenig später einen Scheck über 25.000 Dollar. Anfang des 20. Jahrhunderts ein kleines Vermögen.

25 000 $ Methode

Die Methode hatte offensichtlich gewirkt und ist seitdem als die „25.000 Dollar-Methode" bekannt.

Wie wird nun dieses ebenso einfache wie wirkungsvolle Instrument einge-setzt? Zunächst brauchen Sie nichts weiter als einen leeren Zettel und et-was zum schreiben. Sammeln Sie nun alle wichtigen Aufgaben, die Sie am nächsten Tag erledigen wollen. Ist Ihre Sammlung soweit komplett, dann setzen Sie Prioritäten. Welche Aufgabe ist die wichtigste? Diese bekommt die Nummer 1. Und so weiter. Am Ende des ersten Schrittes haben Sie nun eine Auflistung Ihrer Aufgaben. An erster Stelle steht die Aufgabe mit der höchsten Priorität. Diese Liste sollten Sie jeweils am Abend für den darauf-folgenden Tag erstellen.

Nur die Aufgabe mit der Nummer 1

Am nächsten Tag arbeiten Sie konzentriert und konsequent an der Aufgabe mit der Nummer 1, bis diese erledigt ist. Vermeiden Sie Ablenkungen, Stö-rungen oder das gleichzeitige Arbeiten an mehreren Aufgaben. Ist die wich-tigste Aufgabe abgeschlossen, geht es aber nicht automatisch mit der da-rauffolgenden Aufgabe Nummer 2 weiter.

In einem nächsten Schritt wird die Liste jetzt wieder geprüft. Stimmen die Prioritäten noch? Sind Aufgaben hinzugekommen oder vielleicht auch weg-gefallen? Prüfen Sie die Aufstellung und setzen Sie im Falle von Verände-rungen neue Prioritäten. Diesen Vorgang wiederholen Sie jeweils, nachdem die dann wichtigste Aufgabe erledigt ist.

Am Abend setzen Sie sich wieder hin und bearbeiten Ihre Liste für den kommenden Tag.

Nicht alles – aber das Wichtigste

Im Ergebnis haben Sie sicherlich nicht alle Aufgaben abgearbeitet, aber mit Sicherheit die wichtigsten. Sie vermeiden dadurch auch die „Aufschieberitis"-Falle und kommen nicht unter Zeitdruck, weil Sie die wichtigste Aufgabe ja schon am Anfang des Tages erledigt haben.

Achten Sie bei der Erstellung Ihre Liste darauf, dass Sie sich auf sechs bis zehn wirklich wesentliche Aufgaben für den kommenden Tag beschränken. Ihre Liste wird sonst unübersichtlich. Versuchen Sie eine Routine zu entwickeln und täglich ein paar Minuten in die Planung des nächsten Tages zu investieren.

Konzentrieren Sie sich auf die Erledigung der für Sie wichtigsten Aufgabe. Ist eine Aufgabe nicht an einem Tag zu erledigen, empfiehlt sich eine Aufteilung in kleinere Einheiten. Eine Methode haben Sie ja schon kennengelernt: Die **Salami-Taktik** (→ Kapitel 6).

Die aktuelle Technik bietet eine Vielzahl von IT-Lösungen für das Zeitmanagement an. Dennoch würde ich Ihnen empfehlen, am Anfang „analog", also mit einem richtigen Block und einem richtigen Stift, zu arbeiten. Besorgen Sie sich ein kleines Notizbuch, dann geht kein Gedanke verloren und Ihr Gedächtnis muss sich nicht so anstrengen.

1

2

3

4

5

6

Hier ist Platz für Ihre Notizen

Hier ist Platz für Ihre Notizen

09_Soll-Ist-Vergleich_Alles im Plan?

Jetzt wird es ernst: Mit dem Schritt der Kontrolle schließt sich der Management-Regelkreis. Nun stellt sich heraus, ob die Umsetzung der Planung wie gewünscht verlaufen ist oder ob es Abweichungen gibt. Um den Soll-Ist-Vergleich sinnvoll durchführen zu können, braucht es natürlich Kennzahlen und Faktoren, die man messen und miteinander vergleichen kann.

Um einen **aussagekräftigen Überblick** zu bekommen, betrachtet man die Entwicklung dieser Zahlen und Faktoren über einen bestimmten Zeitraum. Die Beschreibung des Ziels muss daher ein messbares Element enthalten, an dem am Ende deutlich wird, ob das Ziel erreicht ist. Formulieren Sie ein Ziel mit Hilfe der SMART-Methode, müsste Ihr Ziel auch eine Aussage zur Messbarkeit enthalten.

Wurden in der Planung mehrere Teilziele festgelegt, können diese auch mit den jeweiligen Zwischenergebnissen zum Stichtag verglichen werden. Bei längeren Planungs- und Umsetzungsphasen sollte der Verlauf durch Messungen in regel-

mäßigen Intervallen überprüft werden. So bekommt man ein Gespür dafür, ob man auf dem richtigen Weg ist. Diese Kontrolle ist keineswegs etwas Negatives, sondern eine große Hilfe, um die eingeschlagene Strategie nicht aus den Augen zu verlieren.

Auf dem richtigen Weg

Ein zweiter Vorteil ist, dass man diejenigen Faktoren, die abweichen, schnell erkennen kann. Sie sehen also, woran es hapert. Diese Faktoren werden anschließend mit der Frage nach dem „Warum?" genauer untersucht (**5-W-Methode** → Kapitel 10). Warum hat sich dieser Punkt nicht so entwickelt, wie er geplant war? Denn nur wenn man die eigentliche Ursache weiß, kann gegengesteuert werden. Das bedeutet, dass Maßnahmen ergriffen werden, um diesen Störfaktor zu beheben, oder wenn das nicht möglich ist, auch das Ziel neu zu definieren oder die Strategie zu ändern. Deswegen ist der Soll-Ist-Vergleich so wichtig.

Nebenbei sorgen die Ergebnisse auch für eine gehörige Portion Motivation, wenn deutlich wird, dass die Planung gelungen ist und man sich auf dem besten Weg zum gewünschten Ziel befindet. Ist die Situation nicht so wie geplant, findet man durch die Abweichung des Soll-Ist-Vergleichs einen konkreten Ansatz und kann notwendige Veränderungen anschieben, um wieder in die Erfolgsspur zurückzukommen.

Ohne Zahlen kein Vergleich

Wie oben schon angesprochen, benötigt man eine oder mehrere Vergleichszahlen, um überhaupt feststellen zu können, wie sich IST und SOLL zueinander verhalten. D.h., wie es jetzt gerade zum Zeitpunkt der Messung ist und wie es laut Planung sein sollte.

Wenn Ihr Ziel nicht messbar ist, wird es etwas komplizierter. Mehr Ordnung, positiver Denken oder andere persönliche Veränderungen lassen sich eher schlecht in Zahlen fassen. Hier brauchen Sie ein Hilfsmittel. **Operationalisieren**, so lautet hierfür der Fachbegriff. Übersetzt bedeutet dies in etwa „messbar machen". Sie brauchen, ähnlich wie bei einer Umfrage einen Index oder Wert, anhand dessen Sie die Entwicklung beobachten können. „8 von 10 Verbraucher finden das Produkt x gut." oder „Der Kundendienst wird mit 1,5 bewertet.".

Sie nehmen sich vor aktiver zu sein. Dann überlegen Sie anhand welcher Kriterien Sie die Entwicklung überprüfen können. Bspw. die Anzahl besuchter Veranstaltungen, sportliche Aktivitäten, Besuche bei Freunden. Jedes Mal, wenn Sie eine dieser Aktivitäten gemacht haben, machen Sie ein Kreuz hinter das entsprechende Kriterium auf Ihrer Liste.

Sie könnten auch jeden Tag am Abend einen Smiley auf ein Stück Papier kleben: aktiv – neutral – passiv. Jede Woche/jeden Monat überprüfen Sie die Anzahl der aktiven Smileys und die Wirkung der Maßnahmen, die Sie für die Erreichung Ihres Ziels geplant hatten.

Nehmen wir ein klassisches Beispiel für die Anwendung eines Soll-Ist-Vergleichs im privaten Bereich. Sie möchten Gewicht reduzieren.

Ihr Ziel: „Ich möchte mein Gewicht dauerhaft um 20 Kilo von 110 kg auf 90 kg reduzieren. Dies möchte ich in sechs Monaten bis zum 31.07.2020 durch 3 x Sport/Woche und gesündere Ernährung erreichen."

Nachdem Sie sich über verschiedene Methoden informiert haben, stellen Sie folgenden Plan zusammen, um Ihr Ziel zu erreichen:

Ziel:
- 20 Kilo weniger Gewicht von 110 Kg auf 90 Kg
- in sechs Monaten bis 31.07.2020
- Mehr Sport
- Gesunde Ernährung

Teilziel 1. Monat:
- 108 Kg
- 2/Woche 30 Min. spazieren
- 2/Woche Salat am Abend

Teilziel 2. Monat:
- 105 KG
- 3/Woche 30 Min. spazieren
- Zucker reduzieren durch x und y

Teilziel 3. Monat:
- 101 KG
- 2/Woche 45 Min. spazieren
- 1/Woche 30 Min. Walken
- Fleisch um 50% reduzieren

Teilziel 4. Monat:
- 98 Kg
- 1/Woche 45 Min. spazieren
- 2/Woche 30 Min. Walken
- Umstellung auf Wasser/Tee

Teilziel 5. Monat:
- 94 Kg
- 2/Woche 45 Min. Walken
- 1/Woche 30 Min. Joggen
- 2/Woche Fisch

Teilziel 6. Monat:
- 90 Kg
- 1/Woche 45 Min. Walken
- 2/Woche 30 Min. Joggen

(Angaben nur beispielhaft; Grafik Stefan Mütz)

Mit dieser Planung und den beschriebenen Teilzielen können Sie nun immer am Monatsende, alle 2 Wochen oder auch wöchentlich einen aussagekräftigen Soll-Ist-Vergleich erstellen. Tragen Sie Ihre Ergebnisse in eine Tabelle ein, erhalten Sie eine gute Übersicht über den **aktuellen Stand** und einen **Trend für die Zukunft** bei langfristigen Planungen.

Zu einem **regelmäßigen Kontrollzeitpunkt** messen Sie Gewicht und Abweichung. Ein zu enger zeitlicher Vergleich ist nicht immer optimal. Manchmal brauchen neue Maßnahmen auch etwas Zeit, um ihre Wirkung zu entfalten.

Und so könnte Ihr Soll-Ist-Vergleich dann aussehen:

Datum	SOLL	IST	Abweichung

28.02.2020   **108 kg**   **107 kg**   **+1 kg**
Alles liegt im Plan. Es läuft besser als geplant.

31.03.2020   **105 kg**   **107 kg**   **-2 kg**
Die Kontrolle zeigt, dass das geplante Teilergebnis nicht erreicht wurde. Nun muss man sich fragen warum? Und eventuell gegensteuern. Bspw. erhöhen Sie die Dauer der Spaziergänge von 30 auf 45 Minuten.

30.04.2020   **101 kg**   **103 kg**   **-2 kg**
Die Tendenz geht in die richtige Richtung. Aber wieder wurde das vorgenommene Teilziel nicht erreicht. Die Planung wird an der einen oder anderen Stelle angepasst. Sie nehmen bspw. ein kleines Gymnastikprogramm in Ihre Planung auf.

31.05.2020   **98 kg**   **99 kg**   **-1 kg**
Das Ziel wurde leicht verfehlt. Aber die Abweichung hat sich verringert. Die Anpassungen wirken.

30.06.2020   **94 kg**   **94 kg**   **0 kg**
Soll und Ist stimmen überein. Es besteht kein Bedarf an Anpassungen.

31.07.2020   **90 kg**   **89 kg**   **+1 kg**
Das Ziel ist erreicht bzw. konnte besser als geplant erreicht werden. Vielleicht nehmen Sie sich nun ein neues Ziel vor oder genießen Ihren Erfolg.

(Angaben nur beispielhaft!)

Gründe für Abweichungen analysieren

Stellen Sie größere Abweichungen der tatsächlich gemessen Kennzahl(en) zu denen, die Sie geplant haben, fest, dann müssen Sie die einzelnen Maßnahmen genauer analysieren. Nicht immer muss gleich die komplette Strategie geändert werden. Oft ist es ausreichend die Art der Umsetzung zu überdenken. Z.B. könnte Joggen der falsche Sport und ein Wechsel zu Schwimmen besser sein.

Schauen Sie, welche Messgrößen die auffälligsten Abweichungen aufweisen und warum. Damit kommen wir zum letzten Management-Tool: Der **5-W-Methode**. Diese Methode hilft Ihnen, die wahre Ursache für ein Problem zu erkennen und zu beseitigen.

Finden Sie heraus, was die Stolpersteine auf dem Weg zu Ihrem persönlichen Ziel sind. Was hält Sie davon ab, endlich Ihre Ziele erfolgreich zu erreichen? Sobald Sie das wissen, können Sie aktiv werden und die Barrieren beseitigen.

Datum	**SOLL**	**IST**	Abweichung

Hier ist Platz für Ihre Notizen

Hier ist Platz für Ihre Notizen

10_5-W(hy)-Methode_Ursachen beseitigen

In den allermeisten Fällen gibt es Abweichungen auf dem Weg zum Ziel. Das ist zunächst auch gar nicht so schlimm. Natürlich ist es besser, wenn alles wie geplant und am Schnürchen läuft. In der Realität wird die Zielerreichung aber immer wieder durch Störfaktoren behindert, die Probleme bei der Umsetzung verursachen.

Ob die Vorgaben aus Ihrer Planung erreicht wurden, zeigt die Kontrolle. Dabei ist eine Kontrolle nicht als etwas Negatives anzusehen. Sie ist ein Hilfsmittel, das Ihnen zeigt, wie weit Sie in Richtung Ihres Zieles gekommen

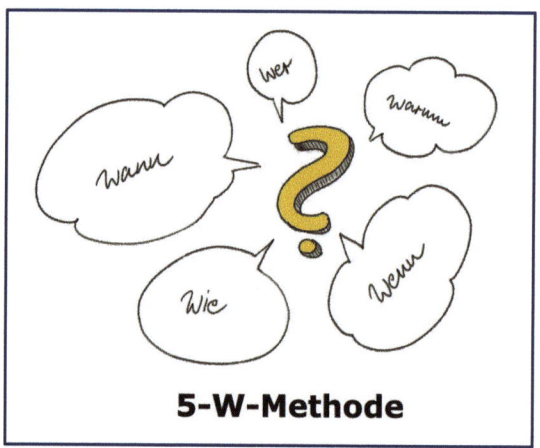

5-W-Methode

sind oder ob Sie unterwegs vom Kurs abgewichen sind. Und wenn Sie abgewichen sind, dann können Sie feststellen, wie groß die Abweichung ist und wo Sie jetzt gerade stehen. Daher ist die Kontrolle dazu da, den aktuellen, zum Zeitpunkt der Kontrolle bestehenden IST-Zustand zu beschreiben. Diese Beschreibung ist neutral. Es geht darum, zu sehen, an welchem Punkt Sie sich gerade in Ihrer Umsetzungsphase befinden und inwieweit die zeitlichen und inhaltlichen Planungsvorgaben erfüllt wurden.

Gibt es keine Abweichungen, dann kann es einfach weitergehen. Sind aber Abweichungen und Probleme zu erkennen, dann muss gehandelt werden. Sonst fährt das Schiff immer weiter in die falsche Richtung und Sie verfehlen Ihr Ziel.

Ein bekanntes Instrument, um Ursachen für Fehler und Probleme zu identifizieren ist die **5-W(hy)Methode.** Eingeführt hat diese Methode zur Problemanalyse der Gründer von Toyota Sakichi Toyoda. Ursprünglich ging es darum, im Rahmen des Qualitätsmanagements unterschiedlichen Produktionsergebnissen, also Fehlern oder Abweichungen, auf die Schliche zu kommen. Es sollten dabei aber nicht nur die Symptome beseitigt werden, sondern die Ursache bei den Wurzeln gepackt werden. Daher heißt diese Methode im englischen Sprachraum auch „Root-Cause-Analysis". Man möchte mit der fortdauernden Frage nach dem „Warum" die Grundursache finden, die für einen bestimmten Fehler verantwortlich ist. Die Suche und Beseitigung eines Fehlers sind bei dieser Methode in fünf Schritte unterteilt.

1. Schritt: Eine möglichst umfangreiche Beschreibung des aufgetretenen Problems.

Zunächst geht es darum, das aufgetretene Problem oder die Abweichung genau zu beschreiben. Gehen Sie dabei offen und ehrlich mit sich um. Annahmen und Spekulationen sollten nicht getroffen werden. Im privaten Bereich ist es schwerer, einen objektiven Blick zu bewahren, da die fragende Person ja auch Teil des Problems sein kann. Um eine möglichst neutrale Beschreibung zu erstellen, helfen die nachstehenden Fragen:

- Was ist genau die Abweichung oder das Problem?

- Zu welchem Zeitpunkt ist sie oder es eingetreten?
- Waren andere Personen oder Einflussfaktoren beteiligt?
- Wo/in welchem Umfeld ist es passiert?
- Wie ist dazu gekommen?
- Wen hat es betroffen?
- Welche Folgen entstehen durch die Abweichung/das Problem?

Einmal angenommen, Sie wollen eine Sprache lernen. Sie haben sich für einen Kurs entschieden und die ersten Stunden absolviert. Nun stellen Sie fest, dass Sie Ihr Lernpensum nicht erreichen, mit den Vokabeln im Rückstand sind und die notwendigen Übungen nicht machen.

Eine möglichst **neutrale Beschreibung** könnte so aussehen:

Nach 12 Wochen Unterricht in der Sprachenschule xy in z-Stadt liegt das Sprachniveau weit unter dem Durchschnitt. Nach vier Unterrichtseinheiten in einer Gruppe von 8 Teilnehmern hat die Motivation nachgelassen und Vokabeln und Grammatikübungen wurden nicht mehr regelmäßig und sorgfältig gelernt, da zu wenig Zeit dafür vorhanden war. Wenn sich die Situation nicht ändert, werde ich den Kurs abbrechen und keine Sprache lernen.

Wenn Sie für sich feststellen, dass Sie nicht mehr auf Ihrem ursprünglich geplanten Weg sind, gehen Sie die Fragen einmal der Reihe nach durch und notieren Sie Ihre Antworten in Ihrem Workbook. Versuchen Sie das Problem möglichst detailliert zu beschreiben.

2. Schritt: Die Fragen nach dem „Warum"

Um die Grundursache für die Abweichung herauszufinden, wird nun die simple Frage nach dem „Warum" gestellt. Und zwar solange, bis man diese auch wirklich entdeckt hat. Es kann sein, dass man dazu nur 3 Mal fragen muss, es kann aber auch vorkommen, dass 7 Fragen dazu notwendig sind. Wichtig ist, nicht vorschnell mit dem Fragen aufzuhören und dadurch nur ein Symptom zu beheben, aber die eigentliche Ursache weiter wirken zu lassen. Auch „Totschlag-Argumente", wie „Das haben wir schon immer so gemacht." oder „Weil es halt so ist." sollte man nicht zählen lassen. Kinder, die ihre Eltern mit der ewigen „Warum?"-Fragerei in Erklärungsnöte bringen, machen es vor.

Nehmen wir das Beispiel von vorher und fragen nach dem „Warum":

- **Warum** ist das Niveau nach 12 Wochen unterdurchschnittlich?
  Antwort: „Weil ich keine Zeit zum Lernen hatte."

- **Warum hatte ich keine Zeit zum Lernen?**
  Antwort: „Weil ich nicht motiviert war und lieber andere Dinge gemacht habe."

- **Warum war ich nicht motiviert?**
  Antwort: „Die Sprache ist zu kompliziert und der Lehrer kann nicht gut erklären."

- **Warum kann der Lehrer nicht gut erklären?**
  Antwort: „Er liest nur aus dem Buch ab und wir machen keine Übungen"

- **Warum liest er nur ab?**

Antwort: „Weil die ganze Gruppe von Anfang an nicht richtig mitge-
macht hat und sich keiner getraut hat zu reden."

3. Schritt Grundursache beschreiben

In diesem Schritt wird versucht die Grundursache möglichst genau zu definieren. Was verursacht ganz konkret am Ende der „Warum"-Kette das aufgetretene Problem? Welcher Faktor stößt die Ursache-Wirkungs-Kette an?
Testen Sie das Ergebnis mit der Frage nach dem ursächlichen Zusammen-
hang.

Wenn die >>**Grundursache**<< nicht mehr besteht oder gelöst ist, dann
tritt auch das >>**Problem**<< nicht mehr auf.

Übertragen auf unser Beispiel könnte das so aussehen:

Die Kurs-Gruppe ist sehr passiv (**Ursache**). Daher empfinde ich den Unterricht als langweilig. Ich bin demotiviert und enttäuscht, weil ich eigentlich die Sprache gerne lernen möchte. Wenn die Gruppe aktiver wäre, dann
würde der Unterricht mehr Spaß machen und ich wäre wieder motiviert und
würde mehr lernen (**Problem gelöst**).

4. Schritt: Maßnahmen treffen

Kennen Sie nun die wahre Ursache des Problems, können Sie sich Maßnahmen überlegen, um die Grundursache zu beheben.

Welche Lösungsansätze gäbe es nun? Sie könnten:

- Einen anderen Kurs besuchen
- Das Gespräch mit dem Lehrer suchen
- Mit den anderen Kursteilnehmern reden
- Selbst aktiv werden
- ?

5. Schritt: Überprüfen

Keine Lösung ohne Überprüfung. Sobald die eigentliche Ursache abgestellt oder durch eine andere Verhaltensweise ersetzt wurde, gilt es natürlich auch die Veränderung zu beobachten. So ist sichergestellt, dass das Problem tatsächlich nicht erneut auftritt. Sie merken durch die Überprüfung aber auch - sollte die eigentliche Ursache doch nicht gefunden und beseitigt worden sein - dass ein anderer Faktor weiterhin negativ wirkt.

Alternative 1

Sie entscheiden sich für das Gespräch mit den Kursteilnehmern. Die meisten sehen das Problem ähnlich wie Sie und sagen zu, aktiver im Unterricht mit zu arbeiten. Nach einer Weile ist der Unterricht lebendiger und auch der Lehrer ändert sein Verhalten. **Das Problem ist gelöst.**

Alternative 2

Sie entscheiden sich für das Gespräch mit den Kursteilnehmern. Die meisten sehen das Problem ähnlich wie Sie und sagen zu, aktiver im Unterricht mit zu machen. Nach einer Weile ist der Unterricht lebendiger, aber der Lehrer bleibt bei seinem trockenen Unterrichtsstil. **Die Gruppe war doch**

nicht die Grundursache. Sie entschließen sich für einen neuen Lösungs-ansatz und wechseln den Kurs. Die Ursache lag doch beim Lehrer.

Die 5-W Methode hat den Vorteil, dass sie leicht zu erlernen ist und mit etwas Übung gut bei der Ursachenforschung eingesetzt werden kann. Geht man die einzelnen Schritte nacheinander durch und bohrt bei der Frage nach dem „Warum" oft genug nach, werden kurzfristige Lösungen, die nur ein Symptom, aber nicht die Ursache bekämpfen, verhindert.

Andererseits ist die Methode ein Stück weit subjektiv und wird durch die Sichtweise des oder der Beteiligten beeinflusst. Daher ist es notwendig möglichst offen und neutral auf das Problem zu schauen. Spielen sehr viele Faktoren bei der Abweichung eine Rolle, ist also die Situation sehr komplex und es sind mehrere Ursachen zu berücksichtigen, dann ist die 5-W-Me-thode nicht optimal geeignet, da diese nur jeweils ein Problem mit einer Ursache in Verbindung bringt.

Manchmal ist es nicht angenehm, die wahren Ursachen für ein Problem zu benennen. Insbesondere wenn diese im persönlichen oder privaten Bereich zu finden sind. Wenn die Lösung zu radikal wäre, versuchen Sie einen Kom-promiss zu finden oder die Lösung Schritt für Schritt umzusetzen.

Problem _____

_____

1 _____
_____

2 _____
_____

3 _____
_____

4 _____
_____

5 _____

Hier ist Platz für Ihre Notizen

Hier ist Platz für Ihre Notizen

Zum Schluss

Ich hoffe, dass Sie in diesem Workbook einige für Sie nützliche Werkzeuge gefunden haben, um Ihre gesetzten Ziele erfolgreich zu realisieren. Beachten Sie dabei, dass Ziele zu setzen und den Weg dorthin zu planen, der leichtere Teil der Übung ist.

Legen Sie daher besonderen Wert auf eine **konsequente Umsetzung** Ihrer Planung. An der Umsetzung scheitern die meisten Vorhaben. Nehmen Sie sich daher immer wieder und regelmäßig Zeit, um die erreichten Planungsschritte zu überprüfen. Wenn Sie dabei die grundsätzliche Struktur des Management-Regelkreises im Blick behalten, sollten Sie erfolgreich vorankommen.

Versuchen Sie bei der Planung und der Umsetzung genau zu arbeiten und die Ihnen wichtigen Aspekte klar zu beschreiben und zu terminieren. Larifari hilft Ihnen nicht weiter – im Gegenteil. Das hält auf und bringt Sie von Ihrem eigentlichen Ziel ab.

Und natürlich brauchen Sie auch etwas Geduld. Abhängig vom Zeitraum der Zielerreichung und der Dimension des Ziels kann es sein, dass es manchmal sogar Jahre dauert, bis sich der Kreis schließt und Sie Ihr Ziel verwirklichen können. Auch bei der Anwendung der einzelnen Instrumente braucht es ein wenig Übung und Erfahrung. Und vor allem **Regelmäßigkeit**.

In diesem Sinn viel Erfolg bei der Suche, der Planung und der Umsetzung Ihrer persönlichen oder beruflichen Ziele. **Bleiben Sie dran!**

Stefan Mütz

Planen wie ein Profi!

So erreichen Sie sicher Ihre Ziele.

Workbook mit 10 Tools für eine erfolgreiche Planung und Umsetzung.

Sollte Ihnen dieses Workbook geholfen haben, dann freue ich mich, wenn Sie das Buch weiterempfehlen oder eine Bewertung bei Google, Amazon & Co. abgeben.

Bei Fragen, Anregungen oder Verbesserungsvorschläge schreiben Sie bitte einfach eine E-Mail an **info@markt-und-kunde.de**. Über Ihr Feedback und Ihre Erfahrungen freue ich mich.

Markt und Kunde

Stefan Mütz – Beratender Betriebswirt

Wissen, Seminare und Beratung rund um die Themen Unternehmensführung und Marketing für Existenzgründer, Selbstständige und kleine Unternehmen.

Gerne helfe ich Ihnen, Ihre Existenzgründung zu planen und umzusetzen. Von der ersten Idee bis hin zum fertigen Businessplan.

Weitere Infos und Kontakt unter: www.markt-und-kunde.de

www.bertram-illustration.de

Illustratorin Katharina Bertram zeichnet leidenschaftlich gern mit Bleistift, schubst Pixel und schwingt Vektoren. Unternehmen unterstützt sie dabei Ideen in charmante Bildwelten umzusetzen.

Infos und Kontakt:
www.bertram-illustration.de
hallo@bertram-illustration.de

Planen wie ein Profi